中国俗文化丛书

丛书主编 高占祥

吴存浩 著

吉祥物古今谈

山东教育出版社
· 济南 ·

图书在版编目（CIP）数据

吉祥物古今谈 / 吴存浩著．—济南：山东教育出版社，2017.2（2024.3重印）

（中国俗文化丛书 / 高占祥主编）

ISBN 978-7-5328-9292-1

Ⅰ.①吉… Ⅱ.①吴… Ⅲ.①民俗学－研究－中国 Ⅳ.①K892

中国版本图书馆CIP数据核字（2016）第052109号

ZHONGGUO SUWENHUA CONGSHU

JIXIANGWU GUJIN TAN

中国俗文化丛书　　高占祥　主编

吉祥物古今谈　　吴存浩　著

主管单位：山东出版传媒股份有限公司

出版发行：山东教育出版社

地址：济南市市中区二环南路2066号4区1号　　邮编：250003

电话：（0531）82092660　　网址：www.sjs.com.cn

印　　刷：山东华立印务有限公司

版　　次：2017年2月第1版

印　　次：2024年3月第2次印刷

开　　本：787毫米×1092毫米　1/32

印　　张：8.625

字　　数：130千

定　　价：59.80元

中国俗文化丛书

主　　编：高占祥
执行主编：于占德
副 主 编：于培杰
叶　涛
刘德增

序

在中华民族光辉而悠久的历史传统文化中，俗文化占有十分重要的地位。它不仅是雅文化不可缺少的伴侣，而且具有自身独立的社会价值。它在中华民族的发展历程中，与雅文化一起描绘着中华民族的形象，铸造着中华民族的灵魂。而在其表现形态上，俗文化则更显露出新鲜、明朗、生动、活跃的气质。它像一面镜子，折射出一个民族、一个地区的风土人情和生活百态。从这个角度看，进一步挖掘、整理和发扬俗文化是文化建设的一项战略任务。

俗文化，俗而不厌，雅美而宜人。不论是具体可感的器物，还是抽象的礼俗，读者都可以从中看出，千百年来，我们的祖先是在怎样的匠心独运中创造出如此灿烂的文化。我们好像触到了他们纯正的品格，听到了他们润物的声情，看到了他们精湛的技艺。他们那巧夺天工的种种创造，对今人是一种启迪；他们那健康而奇妙的审美追求，对后人是一种熏陶。我们不但可从这辉煌的民族文化中窥见自己的过去，而且可以从中展望美好的明天。

俗文化，无处不在，丰富而多彩。中华民族，历史悠久，地大物博，人口众多，在长期的生活积淀中，许多行为，众多器物，约定俗成，精益求精。追根溯源，形成系列，构成体系，展示出丰厚的文化氛围。如饮食、礼俗、游艺、婚丧、服饰、教育、艺术、房舍、变迁、风情、驯化、意趣、收藏、养生、烹饪、交往、生育、家谱、陵墓、家具、陈设、食具、石艺、玉器、印玺、鱼艺、鸟艺、鸣虫、镜子、扇子等等，都是俗文化涉及的范围。诚然，在诸多领域里，雅俗难辨，常常是你中有我，我中有你，彼此交叉，共融一体；有的则是先俗而后雅。

俗文化，古而不老，历久而弥新。它在人们的身边，在人们的生活中，无时无刻不影响人们的思想、观念和情趣。总结俗文化，剔除其糟粕，吸收其精华，对发扬民族精神，增强民族自信心，提高和丰富人民生活，都具有不可忽视的意义。世界文化是由五彩斑斓的民族文化汇成的，从这个意义上讲，愈是民族的，就愈是世界的。因此，我们总结自己的民俗文化，正是沟通世界文化的桥梁。这是发展的要求，时代的召唤。

这便是我们编纂出版这套《中国俗文化丛书》的宗旨。

目录

引　　言

人类的天赋本性在于追求幸福和美好。

但是，对于每个人来说，要使整个人生都过得舒适、愉快，这是不可能的。因此，海涅才咏吟出那伟大的诗句：

世界上没有完善的事：
蔷薇花总是有刺。
我相信，天上可爱的天使，
他们也决不会没有瑕疵。
天幕上最光洁的星辰，
要是伤了风，也会堕入凡尘。
最好的苹果酒，常带有木桶的味道，
太阳里也有黑点可以看到。

为此，人类奋斗拼搏，不屈不挠，古往今来，从未休止。

也为此，人类憧憬着未来，遐思着美好，世世代代，无不如此。

在奋斗与憧憬之中，人类创造了众多的吉祥物。在拼搏与遐思之际，人类赋予了吉祥物浑身的灵性。在这些吉祥物的陪伴之下，人类得到了自我安慰、自我激励和自我保护。于是，拥有了向灾难、向未来宣战的信心和勇气，从而使一代代人们前仆后继，向着幸福和美好，向着吉祥和如意挺进。

吉祥物，既是幸福观念的物化，又是美好祝愿的实在，还是人类文化一个不可缺少的组成部分。

人类生存在吉祥物民俗文化氛围中，天天与之打交道，时时为之所熏陶。但是，吉祥物的定义是什么，吉祥物的产生原因又有哪些，吉祥物的种类、本质、功能、特点又应该如何去界定，如此等等问题，时至今日也没有个令人折服的答案。这，可能又是熟视无睹在作祟吧。

为此，我们不揣学识短浅，孤陋寡闻，写了这本名曰《吉祥物古今谈》的小书，以求抛砖引玉，就教大方。

一　负载人类灾难和希望的活化石

吉祥物存在于人类活生生的现实生活之中，是看得见摸得着的客观实在。从每件吉祥物的身上，人们不仅能够充分地看到它那鲜活的形象，而且能够深刻地体会到它那内含的韵律。这一切都凝聚成人类最美好的语言：吉祥。

但是，吉祥的含义是什么？吉祥物是如何产生的？吉祥物民俗文化又是如何形成的？自古至今，人类沐浴着吉祥物民俗文化的春风，却没有将其完全搞清楚。为此，我们不得不先从吉祥物的起源谈起。

（一）孕育吉祥物的基石

何为“吉祥”？

对此，《现代汉语词典》做了个偏正结构但并不完备的解释："预示幸运的"。① 而《辞海》对"吉祥"一词的解释仅为"亦作'吉羊'。"之后，则列举了古人对"吉"字与"祥"字的理解。② 很显然，这些工具书是不能满足人们对"吉祥"一词的理解的。

倒是《辞源》的解释颇有道理："吉祥，美好的预兆。……后来通用为祝词。古器物上多用为铭，通作'吉羊'。"③ 只是，这种解释仅谈了"吉祥"一词具有"美好的预兆"的内容，而没有谈这种内容来源于何处，因而既与"吉祥"的本意有了一定的距离，也与"吉征"一词的解释容易发生混淆。

从词语发生角度说，"吉祥"一词与许多汉语词汇一样，在早期汉语中"吉"字与"祥"字是分离的。《易·系辞下》曰："吉事有祥"。在此，"吉"为善、利意；祥为征兆、预兆。《庄子·人世间》说："虚室生白，吉祥止止。"对此语，唐成玄英疏："吉者，福善之事；祥者，嘉庆之征。"可见，"吉"字本意即为善事、好事；"祥"字的本意为征兆。而且，这种

---

①《现代汉语词典》，商务印书馆 1982 年版，第 518 页。

②《辞海》缩印本，上海辞书出版社 1979 年版，第 516 页。

③《辞源》第 1 册，商务印书馆 1979 年版，第 473 页。《辞源》释"吉征"一词为"吉利的征兆"。

征兆并没有吉凶之分。因此，《左传·僖公十六年》云：“是何祥也？吉凶焉在？”而《史记·殷本纪》中所说“亳有祥桑谷共生于朝，一暮大拱”的“祥”字，指的则是凶兆。《中庸》中所说“国家将兴，必有祯祥”的“祥”字，指的则是吉兆。只是到了后来，才多以“祥”为吉兆，以凶兆为不祥，“吉”、“祥”也被连在了一起而成为一个固定词语。由此看来，“吉祥”一词的解释应为：美好事物所显示的吉利征兆。

古代之所以将“吉祥”写作“吉羊”，即“羊”与“祥”通，其因在于羊带有着众多吉利的征兆。羊是最为普通的家畜，不仅与人类生活关系密切，而且其性情温顺，因此被人类赋予较多灵性而成为吉祥的象征。董仲舒在《春秋繁露》中说：“凡贽，乡用羔。羔饮之其母必跪，类知礼者。羊之为吉祥，故以为贽。”王充的《论衡》也说：“獬豸者，一角之羊也。性知有罪。皋陶治狱，其罪疑，乃令羊触之。”这些记载，都对羊的性情和行为给予了理性的粉饰和升华，从而使羊具有了人性的神秘特征。因此，《玄中记》认为：“千岁之树精为青羊”，对羊的起源进行了神秘主义的猜测。

而且，在古汉语中，“羊”与“阳”亦通。《太平御览》引《新言》说：“是月（三月）草木萌，羊能啮草，鸡啄五谷，故悬二物助阳气。”《史记·孔子世家》亦说：“眼如望羊。”《释名·释姿容》说：“望羊：羊，阳也。言阳气在上，举头高，似若望之然也。”这样，即从羊的习性和阴阳变化的状况上进行了相互沟通，从而形成了两字的互通。吉语有“三阳开泰”之说，意为正月是泰卦，三阳生于下，冬去春来，阴消阳长，有吉祥之征，多用于岁首祝福。“三阳开泰”表现于民俗图形上，或是 3 只羊欢聚一起，（图 1）或是 3 只姿态各异的羊仰望金光闪闪的太阳。这些都表明，羊在此已被视为吉祥的象征，变成了人类寄托美好祝福的载体。

图 1　三阳开泰

由此可见，无论将“吉祥”写作“吉羊”，还是将“吉祥”分开解释为“吉者，福善之事；祥者，嘉庆之征”，都表现了人类对于幸福美好追求的秉性。这既是中华民族千古永恒的主题，也是吉祥物民俗文化得以孕育的一块基石。

那么，古往今来，中国人所追求吉祥的具体内容是什么呢？也就是说，吉祥物民俗文化所展现的外延应该如何界定呢？

对于“吉祥”所涵盖的内容，在传统时代即有不同的看法。宋代欧阳修在《纪德陈情上致政太傅杜相公》诗中说：“事国一心勤以瘁，还家五福寿而康。”可见，在他的心目中，无论“事国”，还是“还家”，是有不同的吉祥标准的。对于国家而言，社会安宁、政治清明、国力强盛、上下同心、国泰民安，则是国家管理者所追求的目标。因此，在古代文献中，有着众多类似“王者上感皇天则凤凰至”（《春秋感精符》）、“王者德至渊泉，则河出龙图”（《宋书·符瑞志》）等有关天人感应导致祥瑞现象出现的描写。而在家庭之中，则是通常所说的“五福”、“三多”等传统内容了。

不过，有关“五福”所包括的具体吉祥内容，在书面语言和民间中似乎有不同的解释。民间认为，五福是指福、禄、寿、喜、财。而书面释五福为:“一曰寿,二曰富,三曰康宁,四曰攸好德,五曰考终命。”(《尚书·洪范》)这里所说的“攸好德”,指的是所好者是德;“考终命”,指的是善终不横夭。可见,无论何种“五福”,皆是指家庭和人生的五种幸福。至于源于《庄子·天地篇》所载“华封三祝”故事的“三多”,即多富、多寿、多男子,则更明显地倾向于对人生与家庭的祝福了。这表明,我国传统社会中所追求吉祥的具体内容主要在于对个人、家庭和国家的祝福和祈求吉祥上。

之所以如此,是由我国传统社会结构所决定的。在古代,人们对社会力量的崇拜主要表现在对血缘社会的崇拜上,从而导致了对祖先来源、家业创立、血族繁衍和家人平安长寿等方面的极度关心。在传统社会中,绝大多数人的一生,是侍弄庄稼的一生。聚族而居的生活模式,日出而作、日没而息的世代重复,使中国人养成了乐土重迁的封闭式生活习性。因此,我国传统文化无不与农业社会和血缘家族有着密不可分的联系。由家族控制模式扩而大之,便成为国家和天下的通用管理模式。由男女结合为夫妻繁衍后代扩而大之,便推导出阴阳合得而生成了世界的万事万物。如此等等,都表明中国传统文化的核心实际是一种带有家庭本位色彩的伦理文化。在这种文化的支配和制约下，中国吉祥物民俗文化必然不可避免地将其聚焦点投放到个人与家庭这个核心上来，从而导致了对血缘社会的祝福和祈求成为吉祥物产生不可或缺的基石。

但是，祝福和祈求是一回事，严酷的现实又是另一回事。在传统社会中，人们祝福新生儿缺病少灾，平平安安，但低下的医疗保健条件往往夺去幼小的生命；人们祈求新婚夫妇恩恩爱爱，白头到老，但男尊女卑、夫为妇纲的社会环境和父母包办婚姻的缔结方式往往使一对对夫妻成为无情的结合；人们祝愿老人健康长寿，但缺衣少食的贫困生活和无医无药的保健条件往往过早地使老人去世；人们祈求苍天赐予五谷丰登、六畜兴旺，但春旱秋雨加之皇粮国税和铁板租往往使农家一贫如洗。如此等等，使人类这个万物之灵者遭受了数不清的打击和灾难，背负着沉重的压抑和痛苦的同时，也在寻求着新的希望和吉祥。正是从这种意义上说，灾难，是孕育吉祥物诞生的另一块基石。

吉祥与灾难，是两个不同的字眼。但是，这两个含义完全相反的字眼却有着紧密的联系。古人曾云："祸兮，福之所倚。福兮，祸之所伏。"这句话谈的是福与祸之间的哲学辩证关系，道的是两者在哲学上所表达的度的性质。而我们所谈的吉祥与灾难的联系，指的是人类自身所遭受的痛苦、坎坷与所具有的理想、希望之间的内在关联性，是人类自身营造物质家园与精神家园时所必须具有的精神力量和坎坷经历之间的密切联系。

为此，佛教宣扬其观念：人生是一个大苦海，今生努力行善积德，来生求得幸福；

为此，道教粉饰其宗旨：人间是个是非地，躲进深山幽谷，修炼成仙，求得自身永生。

显然，这些都带有避世主义色彩，不可能为民间的凡夫俗子所接受、所实行。

不过，人是要有点精神的，无论是古代先民，还是现代人类，都必须有精神家园的营造，方可能支撑着他们去走那坎坷不平的人生之路。

而且，人类总是个要强者。在人生之路上，那些被坎坷和灾难压垮了的人终究是少数。人类的大多数终究还是那些愈压愈奋，知难而进者。“命运压不垮一个人，只会使人坚强起来。”① 这，便是人类对灾难的回答。

于是，人们挺起胸，昂起首，一代又一代地向贫穷、向灾难、向命运宣战了。这种宣战，在传统时代，既有血与火的拼搏，也有对灵物的祈求。无论是拼搏和祈求，所体现的都是对幸福和美好的追求。正是在这个结合点上，灾难和追求融为了一体，从而使两者双双成为吉祥物民俗文化得以孕育的基石。

（二）原生态信仰的装扮

何为吉祥物？

显而易见，吉祥物是体现吉祥观念的事物，是吉祥观念的载体。但是，并不是所有的事物都可以成为吉祥物，而是人们在事物所固有的属性和特点的基础上，经过着意的加工，用以表达人类向往和追求吉祥幸福、喜庆欢乐、和谐美满等情感和愿望的事物。

毫无疑问，吉祥物是人类观念信仰的产物。那么，吉祥物所负载的人类观念信仰的性质和类型又有哪些呢？

---

①〔德〕伯尔著；杨寿国译：《莱尼和他们》，上海译文出版社 1981 年版。

陈勤建先生对于民俗本质的研究颇有见地。他认为，民俗是未经分化的原生态文化意识团，是文化与生活的双重复合体，是连接经济基础与上层建筑的中间环节。① 显然，作为民俗文化的一部分，吉祥物民俗同样是原生态文化意识团的结晶。

民俗作为原生态文化意识团的一个重要特征，在于人类的文化意识尚未经过提炼和分化，各类学科混沌一体，你中有我，我中有你，是人类文化的共生矿和百科全书。对此，日本民俗学者称之为“基层文化”，以区别于以社会文献为代表的“高层文化”。而中国不同学科的学者依据其研究角度的不同，将民俗称之为泛神信仰、自然信仰、乡土文化、民族文化、下层文化等等。在此，我们将吉祥物所负载的观念信仰称之为“原生态信仰”。

中国人装扮吉祥物的原生态信仰表现出泛灵信仰的色彩。这种原生态信仰早在原始社会即已出现了，是原始人类在对周围泛灵世界的看法中自然而然形成的，是一种对自然现象和自然力的崇拜，因而又被称为原始宗教和自然信仰等。这

---

① 陈勤建：《中国民俗》，中国民间文艺出版社 1989 年版，第 21—36 页。

种自然信仰，是人类早期的一种主要意识形态的文化。固然，这种文化更多地带有着巫术和神秘色彩，但其中不可避免地带有着一些具有科学性的东西。例如，在一些山区中，有着“蛇过道，不宜出远门”的习俗。作为蛇从道路上横行穿过，这是一种自然现象，但是，却被认为是不宜出远门的一种征兆，其中即含有一定的合理成分。因为，蛇在大雨到来之前往往有迁徙爬行的现象，这种现象的出现除告诉人们大雨即将到来的信息外，自然内含着出远门要挨雨淋的意思了。但是，如果将这些内容扩而大之，则带有迷信的因素和特色了。何况，蛇又被人们看作是龙的化身，从而产生了蛇为“神虫”的说法和将蛇视为吉祥物的做法。这表明，在有关蛇的民俗观念和信仰中，确实存有着科学与迷信共融一体的现象。如此现象，既带有着原始文化的色彩，又决定着原生态文化兼容并蓄的特点。

原生态信仰之所以在人类的童年时代即已出现，其原因同样在于人类自身所遭受的灾难和所具有的希望两个方面。由于原始社会生产力的低下，人类对给他们带来灾难和希望的自然现象既不能理解，也不可能支配。在原始人类看来，自然力也与人一样是有意志的，人们对于自然力既依赖又畏惧，既希望支配自然，实际上又不可能支配自然，于是，便发明了能够使人与自然在观念上进行沟通的宗教形式，从而导致了早期吉祥物的出现和产生。

原生态信仰对于吉祥物的装扮，主要表现在以下几个方面：

1. 天体原生态信仰及有关吉祥物。

古代农业民族对于天体现象都极为关注。我国是世界农业的发源地之一，有关天体的原生态信仰自然产生较早。

不过，在有关天体的原生态信仰中，我国对太阳的原生态信仰表现得较为模糊杂乱。从古代神话所遗留的片断看，对太阳的记载仅有简单的关于太阳诞生、运行和十日并出的传说，其中最著名者便是十日并出的神话。对此，可分为两类：

> “逮至尧之时，十日并出，焦禾稼，杀草木，而民无所食。尧乃使羿……上射十日，下杀猰貐。”（《淮南子·本经训》）

> “昔者十日并出，万物皆照，而况德之进乎日者乎。”（《庄子·齐物论》）

可见，前者表示了对十日并出的畏惧，后者表示的则是对十日并出的赞颂。其实，这两者并不矛盾，反映的都是远古先民对太阳的光明和热力的敬畏情感。十日并出，可能是云中的冰晶对光的反射或折射造成日晕而形成的多日现象。“如果原始人亲自看到多日并出的现象，那么他们想象并相信‘十日并出’是天气酷热的原因，就是自然而然的了。”① 因此，

图 2　丹凤朝阳

① 陈建宪：《神祇与英雄》，三联书店 1994 年版，第 159 页。

可以想象，在黄土地上从事农耕的古代先民，在尚未认识到光合作用对于庄稼生长的重要性之前，只能认识到雨露的恩泽，而对太阳则首先是有关干旱的体验，其次才是对光明的思考。这种现象导致了我国吉祥物中缺乏太阳这个最重要天体作为载体的同时，也导致了太阳的光明属性成为吉祥物原生态信仰赖以表达的唯一体裁，从而使“丹凤朝阳”和“三阳开泰”等作为吉祥祝语和图案出现。(图 2)

中国对于月亮的原生态信仰同样模糊而杂乱。我国古代先民也曾把月亮作为女性的象征，并把这种观念与太阳作为男性象征相对应而成为男阳女阴的一对哲学例证。很显然，这种观念的产生最早也不会超过父系氏族社会的确立时期。后来，最普遍的观念是以月亮的盈亏来计算历法。《山海经·大荒西经》云：“帝俊妻常羲，生月十有二。”这个神话即可能与以 12 个月计年有关。因此，月亮作为吉祥物原生态信仰载体的现象极少，只有吉祥图案“日月同辉”一种，且这种体裁已有月亮依附于太阳光明的味道了。

相比较而言，我国对星辰的原生态信仰尚为众多。这可能与我国古代的历法为阳历与阴历的合历有关。在对星辰的观察中，远古居民发现，天体的运行、季节的交替、候鸟的来归、植物的荣枯、河水的涨落等，都与星辰的运行有一定的关系。从这种观念开发下去，人们进一步认为，世间的万事万物，包括人事在内，都与星辰有一定的关系，而且这种关系是支配与被支配的关系。对此，《尚书·洪范》即说："庶民惟星，星有好风，星有好雨"，认为星象能够预示着气候的好坏，决定着农作的丰歉。于是，远古先民把人间天上拉在了一起，将人事交给了天上的星辰予以掌管，从而产生了人间的福、禄、寿由天上的福、禄、寿三星掌管，兵戈由丙宫金宿星主宰，翼星主瘟疫、主斩杀，太岁（木星）主凶、主动土迁移、主嫁娶等原生态信仰，如果胆敢在太岁所在的方位上动土，即俗语所说"太岁头上动土"，便要遭到厄运的报复。甚至，在"天人感应"论出现之后，地上的著名人物也在天上有了相对应的星辰。诸葛亮在五丈原生病时仰观天象，看到"将星欲坠"，即意识到自己"阳寿将终"。于是，人们更加相信星象与人事相关，以星辰作为吉祥物原生态信仰载体的现象便得到了流行，从而导致了"福禄寿三星高照"、"吉星高照"等吉祥祝语和图案。(图 3)

图 3　福禄寿三星

2. 气象原生态信仰及有关吉祥物。

农业民族对于气象都非常敏感。但是，由于中国传统文化所具有的崇德特征，导致了我国有关气象的原生态信仰具有独自的特色。例如，在古希腊、古罗马这些崇尚武力的国度里，雷电所具有的无比自然力被尊崇为至高无上的主神。但我国原生态信仰仅把雷公作为一种将肚皮当鼓敲的怪兽，是给人类带来洪水和灾难的恶兽，因此，在吉祥物中自然就没有雷电的存身之地。至于风伯、雨师等其他气象神，在先秦时代尚还盛行，自秦以后龙文化盛行，这些原生态信仰即被纳入了龙文化系列中便逐渐销声匿迹了。

龙是多种原生态信仰汇聚而成的一种神物，也是一种吉祥物。我国是龙习俗最为盛行的国度。龙是古人对一些爬行动物、哺乳动物以及某些自然天象模糊集合而创造的一种神物。“进入现代社会后，过去一直被当作神物而崇拜的龙，因逐渐丧失崇拜而变作一种吉祥物。”① 作为吉祥物的龙，有腾飞、振奋、变化等寓意。因此，“巨龙腾飞”、“龙腾虎跃”等则经常成为人们所运用的吉祥图案之一。在传统时代，“二龙戏珠”、“夔龙拱璧”、“龙凤呈祥”等则成为流行的吉祥图案。（图 4）

图 4　二龙戏珠

① 庞烬：《龙的习俗》，陕西人民出版社 1988 年版，第 1 页。

3. 山川原生态信仰及有关吉祥物。

中国的山川原生态信仰，要比对天空中自然现象的原生态信仰浓厚得多。这是因为，山川所具有的神韵更与农业社会的主旋律有着某些相似之处。国泰民安、风调雨顺，山绕祥云，“河出图，洛出书”，否则，山崩地裂，江河决溢，洪水泛滥，人或为鱼鳖。久而久之，远古居民对山川所具有的神奇力量给予人格化的思维之后，便产生了山川崇拜。这样，不但三山五岳、长江黄河等名山大川被称之为“神”，而且连乡村中名不见经传的小山矮陵、沟汊涓流也被尊之为“山神”、“河伯”。古代认为，泰山为五岳之尊，是阴阳交替，万物更始的圣地。(《风俗通义》) 因此，这里不仅是古代君主封禅的圣地，也是人们求子的圣地，从而导致了“泰山石敢当”以及“泰山娘娘送子”吉祥图案的流行。

4. 动植物原生态信仰及有关吉祥物。

由于我国农业历史的悠久和漫长，加之动植物能够最直接地给远古居民带来丰富的生活资料，因而有关动植物的原生态信仰不仅丰富多彩，而且形成吉祥观念载体的物品特别多，几乎应有尽有，不可胜计。若以动植物原生态信仰产生的不同予以分类，可有以下几种：

第一类，能给人类带来吉祥的动植物。

这一类动植物，主要有人类所驯化饲养的家畜家禽和家鱼，所栽培种植的农作物、花卉、药草及林木等，此外，还有想象中的动植物，如龙、凤、麒麟、宝相花等。在能给人类带来吉祥的动植物中，有的可能给人类带来衣食住行所必需的物质资料，如麦棉豆稻等农作物，马牛羊鸡等畜禽；有的则能给人类带来美的享受，具有一定的观赏价值，如花草梅竹等植物，忍冬缠枝等纹饰；有的则能帮助人类战胜疾病等灾难，如枸杞菖蒲等药草，灵芝蒿艾等植物；有的则能给人们以精神上的安慰和振奋，如龙凤麒麟等图案，松柏桂竹等林木。如此等等，不一而足。这类动植物都能从不同的侧面给人类带来吉祥和幸福，因此被人们赋予美好的灵性而成为吉祥物。这类吉祥物所构成的吉祥图案最多，也最流行，几乎囊括了吉祥图案的全部内容。

第二类，能给人类带来威胁的怪异动物。

这类动物虽然少见，且又能给人类带来一定的威胁和危害，但是，其中的一些因其有着某些重要的人类所喜爱的特征而被人们人格化后成为吉祥物，如虎、蛇、狮、豹等。这些怪异动物，或威武勇猛，或形象可爱，或出没无常，从而被人们赋予了良好的祝愿而变成了吉祥物。如民间称儿女为“虎娃”、“虎妞”，喻其健壮成长，虎虎有生气。小孩子多穿戴过虎头鞋、虎头绣帽等，（图 5）同样带有这种吉祥祝福。

图 5　河北民间虎头帽

5. 神仙原生态信仰及其有关吉祥物。

由于中国社会长期处于封闭型农业经济社会中，小农家庭经济始终占有着主导地位，从而造成了我国古代民间信仰没有产生超越现世的观念而带有着现实主义色彩。这种状况，不仅导致了我国一神教始终没有出现，而且神、仙、鬼、精灵等始终与人相去不远，由此而形成的原生态信仰即使进入阶级社会之后仍然在延续、流传和滋生的局面。这种现象在西方文化中是不多见的，很可以作为东西方文化不相同的一个特点。

由于原生态信仰在中国漫长古代社会的流行和滋生，从而导致了一些后起的人物被神化之后而成为中国人的保护神。这类人神的组成同样乌七八糟，充分体现了中国古代人神阵营所具有的原生态信仰特征。在这些人神中，有的是生前曾干过一番轰轰烈烈的事业，死后而被人们尊为神的，如关云长、岳飞、秦琼、扁鹊、孙思邈等；有的生前为弱者，死后引起人们的同情而被尊为神，如厕神紫姑，相传做妾被大妇嫉而死于厕；有的则因一些传说而成为神者，如那个会捉鬼的钟馗，原本是个未中进士而死的窝囊废，只因与古代大傩仪式中挥舞终葵以驱鬼的"终葵"同音而被尊为神。再如灶神，民间有一种说法：一个不好好过日子的富人沦为乞丐后到已离异的妻子家中讨饭，出于怜悯之心，前妻给了他些金银，这位乞丐弄明白金银为前妻所给后便羞愧自杀，死后变成为灶王爷。如此人死成神的现象，不仅说明我国神文化发育的低水准，而且说明原生态信仰在我国封建社会的长期盛行是导致我国神文化发育不成熟的根本原因。不过，这却为一些人神进入吉祥物阵营奠定了基础，从而导致了秦琼与尉迟敬德为门神、祝融与张单等为灶神、赵公明等人为财神、杨公为福神等吉祥图案的出现。

6. 外来文化中国化及有关吉祥物。

外来文化中国化而变为吉祥物，这个中国化的过程即是指对外来文化进行中国原生态信仰的包装过程，从而使外来文化改变了原有的信仰内容而成为中国吉祥物文化的组成部分。

外来文化一旦进入中国原生态信仰盛行的社会氛围中，必然受到改造而成为新的信仰和观念的载体。否则，外来文化将难以得到中国民俗心理的认同而影响了其传播速度和范围。在这方面，无论是有实用价值的具体实物，还是具有较高文化层次特色的宗教观念，都有一番被中国原生态信仰装扮和粉饰的过程。

有实用价值的外来物品变成中国的吉祥物者莫过于石榴。石榴原产安息，安息为古波斯帝国的一个行省。在古波斯神话中，专司人类丰穰多产的女神雅娜希塔手里即托着一个装石榴的钵。这一形象继承了更早的古希腊神话的传统。在古希腊神话中，主管人间婚姻和子孙繁衍大事的天帝宙斯的妻子赫拉即为右手握神杖、左手拿石榴的形象。显然，古代希腊神话曾将石榴作为多子的象征。但是，无论在古希腊民间，还是在古波斯民间，乃至现在伊朗国内，都没有将石榴作为多子多孙的民俗事象。石榴传入我国后，经过我国原生态信仰的改造，不仅神物变成了“人”物，而且民间兴起了以石榴作为多子祝吉之物的风俗，从而形成了“榴开百子”等多种吉祥图案。(图 6)

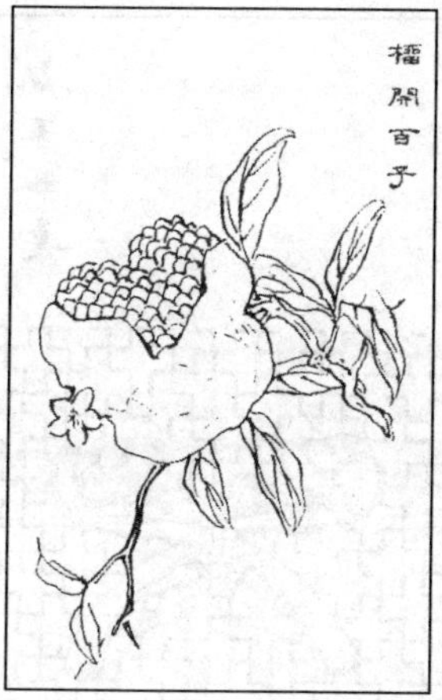

图 6　榴开百子

即使成熟的外来宗教进入中国后，同样被中国的原生态信仰给予改造而使其中的一部分内容变成了吉祥物。例如佛教，佛教对中国影响最大的莫过于轮回说，但中国佛教的轮回观念已经完全地违背了佛教的初衷，将佛教用来说明现世悲苦，劝人们跳出轮回之外，到涅槃世界去的轮回思想，改造为努力行善，得到好的报应的现世轮回观念。这种改造在梵文“卐”字上同样有所体现。此字意为“胸部的吉祥标志”，旧时译为“吉祥海云相”。武则天周长寿二年（公元693年），

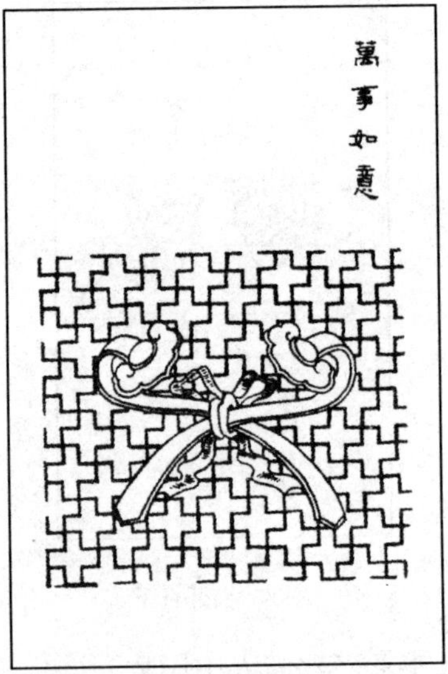

图7 万事如意

“卐”字被改为汉字，音读如“万”字，“谓吉祥万德之所集也。”（〔唐〕慧苑：《华严音义》）此后，此字组成了多种吉祥图案，如“万字锦”纹样，意为富贵不断头、子孙绵延、福寿安康、万事如意等。（图 7）这表明，成熟宗教这种高层外来文化在经过原生态信仰改造之后，同样有某些成分变为下层民俗文化的可能和必要。

总之，在传统社会中，中国人所拥有的原生态信仰不仅没有因为阶级社会的出现而被扼杀，反而因为新的文化因素的掺入而表现了极强的生命力。而意在表达人类追求幸福美满的吉祥物民俗文化，因为有了原生态信仰的不断装扮和粉饰，寻求到了更多的载体而不断繁衍和滋生，终于形成了数目繁多的种类，从而美化了人们的生活，填充了人们的精神世界。同时，也显示了中国吉祥物所具有的独特风采。

（三）古老的话题，不间断的创造

在人类历史上，确有这样一种有趣的现象：远古人类即已着手创造的事物，直到文明高度发达的今天，人们仍然在不断地探索着、创造着。

吉祥物，即是这样一种“古老的话题，不间断的创造”

式的人类文化。例如龙。1971 年，在内蒙古三星他拉地区出土了一件距今约五千年的新石器时代红山文化玉龙。[①] 至今，中国人仍然在舞龙，而且龙的形象越扎制越动人，越带有着升腾、变化、振奋、上进的喜庆吉祥色彩。一条龙，即让中国人世世代代起码舞了五千年，足见其魅力所在了。

那么，吉祥物又是如何产生，如何被不断创造的呢？

吉祥物的产生，首先源于“嘉庆之征”。

有关“嘉庆之征”观念的出现当异常久远了。“嘉庆之征”观念应该在原始意识早期阶段即已经产生，并伴随有原始吉祥物的问世。原始意识是人类原始时代的意识。原始意识的进化，表现在质和量两个方面。在量的方面，是原始意识的不断扩大带来观念的日益丰富。在质的方面，则表现为原始意识观念的分化，形成了不同的亚系统以及原始意识的神秘性日益为客观明晰性所替代。在人类的童年时代，早期的原始意识并没有发生分化，物我一体的观念异常浓厚，形象思维占有绝对优势，抽象的逻辑思维尚未发展起来。“在原始的思维的集体表象中，客体、存在物、现象……同时是它

①《辽河流域的原始文明与龙的起源》，《文物》1984 年第 6 期。

们自身，又是其他什么东西。它们……发出和接受那些在它们之外被感觉的、继续留在它们里面的神秘的力量、能力、性质、作用。”① 这就是法国著名社会学家列维—布留尔所说的原始意识的互渗规律。原始意识的互渗，不只是各种知识的渗透，而且是各种观念混沌不分、纠缠在一起的结果，从而导致了早期人类对于世界的认识处于混沌之中。

与原始意识观念的混沌密切相关的，是形象思维成为普遍的思维形式，而类比和联想则成为进行形象思维时通常所运用的方式。这种思维方式的普遍运用，使原始人类把这种事物与那种事物直接联起来的同时，也使今天看来异常虚妄和荒诞的观念得以产生。例如，我国怒族至今流传着他们的祖先看到蜘蛛吐丝而架起过江“溜索”，看见小鸟站在水中的木板上而仿制独木舟的传说。这些传说应是历史的真实。而哈尼族认为天地万物是由牛躯体的不同部位构成的，牛皮变成了天，牛肉变成了地，牛的左眼变成了太阳、右眼变成月亮、牙变成星星、骨变成石头、毛变成草木、泪变成雨、舌变成虹、血变成河、吼叫变成雷鸣、喘气变成风等，同样是

① 〔法〕列维—布留尔著；丁由译：《原始思维》，商务印书馆 1981 年版。

一种历史的真实。

如此类比和联想的广泛运用，导致了吉祥物在人类的童年时代即广泛产生了。

在今天所见吉祥物中，有一类吉祥物产生的历史当是相当悠久的了。例如，泰山祈子风俗中所用的泥娃娃和石头。为什么以泥以石而不是以其他材料来制作祈子吉祥物？对此，有的学者笼统地解释为因“女娲抟土以造人”。显然，这种附会传说的解释仍不彻底。如果进一步发问，为什么女娲抟土造人而不是刻木以造人，则难以圆满回答了。之所以用泥制成娃娃形象作为祈子吉祥物的代表，原因在于早期人类认为，植物是大地孕育的结晶，人同植物一样，都是大地孕育的结果，大地由土由石组成，土石自然可以作为祈子吉祥物的代表了。因此，在泰山祈子风俗中，有到泰山娘娘庙或碧霞祠拴个泥娃娃的风俗，也有在泰山树枝上压石子（谐音“押子”）、拴石子（谐音“拴子”）的风俗。这种风俗，在灵岩寺也有所存在。“寺周围近山路的树丫杈上，放着一块块断碑和小石头，有的树杈间还叠放着两块。……经过树杈上搁石头的仪式，生下来的是男孩子；搁两块石头的呢，是求双胞胎。”①

而且，土石完全可以作为祖宗的代表和象征。在人类早期，原始两大生产的信仰是统一在一起的，而且以人的生产为主宰。所以原始民族的祭祀大多采用郊祀，在郊祀之处立一土坛而祭。这个土坛后世称为社坛。社即是土，在甲骨卜辞中为“○”形，为女性器象征。古代社祖不分，“祖”字甲骨文字形为“”，为“且”，由“社”字发展而来，为男性器象征。古人谓祭祀祖先的象征物为“主”，其形状多为外方中空的木主形制，近似于原始石器时代的性崇拜物。可见，在原始意识中，土地生产与人的生产是同一道理，祖先崇拜既是生殖崇拜，也是对自然界的繁衍生息崇拜。这种意识的存在，既是后世大多数地区祈年活动中存有着那样众多的祈子风俗的主要原因，也是后世多以泥土和石子为祈子吉祥物的根本原因。

早期原始意识装扮了人类最早的一批吉祥物，同时，也为后世人类对吉祥物的创作提供了一种可以效仿的模式和方

① 何满子：《灵岩寺树桠上的石头》，《文汇报》1992年2月23日。

法：类比和联想。

类比和联想虽然也是后世人们创造吉祥物时所运用的一种主要方法，但已是在严密的逻辑原则制约下进行了。在没有逻辑思维把握事物本质的情况下，纯粹的形象思维往往只停留在事物的表面，对事物进行表面性的类比和联想，极容易造成虚幻的意识结果。在原始意识的后期，逻辑法则逐渐起到支配的作用。这种意识的质的飞跃，使吉祥物的产生带有了新的特点。大量吉祥物的出现，并不是直接来源于外界客观事物所呈现的“嘉庆之征”，而是通过自己的意念和推理去进行吉祥物的自觉创造，人为吉祥物开始顿然增多了起来。

先秦时代，是我国进行人为吉祥物创造的第一个高峰时期。在这个时期，我国经过意念合成而创造的主要吉祥物已经大部完成，如甘露、嘉禾、河图、洛书、神马、龙、凤、麒麟等。当然，这种创造也并不是毫无根据的创造，而是在原始社会所具有的吉祥物及创造这些吉祥物思维模式基础上的一种发展和升华。例如，“感应造人”及其有关吉祥物对于后世龙子观念及龙吉祥物的形成即存在着这种联系。在母系制时代，人们所拥有的生育观是不需要与男子的结合女子即可以独自受孕而生子的，在这方面我国有着众多神话：

女喜吞薏苡而生大禹；

简狄吞玄鸟卵而生殷人始祖契；

姜嫄践巨人迹而生周人始祖弃；

华胥履大迹而生伏羲；

附宝见闪电绕北斗而生黄帝；

女节梦陨星而生少昊；

……

如此等等神话，不仅为后世燕子、星辰等成为吉祥物提供了可以附会的依据，而且在人们的头脑中形成了一种思维定势，即著名人物都是由一些具有特种灵性的吉祥物与其母感应后才具有超人才能的。因此，春秋战国时代，兴起了孔子出生前有麒麟在他家门前口吐玉书的传说，以暗示他是王侯之象；有“孔子当生之夜，二苍龙亘天而下，来附征在之房，因而生夫子”之类的传说，（《拾遗记》）产生了“炎帝，神农氏，姜姓，母曰女登，有娲氏之女，……感神龙而生炎帝”之类的神话，（《史记·三皇本纪》）出现了“夏得木德，青龙止于郊”之类的信仰。这些传说、神话和信仰，为秦始皇被视为“祖龙”（《史记·秦始皇本纪》）、汉高祖被看作龙种（《汉书·高帝纪》）揭开了先河。

不过，先秦时代，吉祥物仍被视为一种“嘉庆之征”，注重的是兆而不是“物”。因此，商代是那样的重视占卜之兆而不侧重于将吉祥观念物化，从而留下了大量卜辞而成为我们今人研究商代历史的重要资料。

占卜是对各种征兆的吉凶加以预测和检验的迷信手段，又称“卜卦”，既是一种极为古老的巫术活动，又是一种创造吉祥物的手段之一。《说文》曰：“占，视兆问也，从卜口”；“卜，灼剥龟也，……象兆龟之纵横也。”这是商周时代国家卜官所通用的一种占卜方式。其实，在原始时代乃至以后的社会中，占卜的方式五花八门，无奇不有。具体说来，大体有石占、星占、贝占、鸡占、鸟占、草占、骨占、龟占、豆占、水占、风占、米占、钱占、牌占、字占、候占、梦占、手占、云占等多种，但被历代统治者所承认和重视的主要有龟占和蓍草占。在民间习俗中，有关“兆”的信仰也五花八门，无奇不有，主要有天兆（各种天象所表现出的异常、奇巧和变幻不定的现象）、地兆（山水地石等所呈现的异常现象）、动植物兆（各种动植物习性的反常及出没迁徙等怪异现象）、梦兆（梦境奇异等现象）、体兆（被占卜对象自己身体所出现的生理性异常现象）及其他怪异兆（其他事物呈现的怪异现象）等。占兆的目的，“企图解释事前原因，预知事后结果，……阐释人生祸福。”① 因此，占兆对于人们来说有着极大的神秘性和诱惑力，导致了占卜成为先秦时代乃至后世的一种重要巫术活动而影响到吉祥物的形成。

除兆之外，还有以“数”来占卜的形式。所谓数，即是“术数”，俗称为“算卦”。卦，是指《易》所说的乾、坤、巽、震、离、坎、兑、艮等八卦象及由此而推演出来的六十四卦象，实际上即是“兆”。“数”主要有卦数、爻数、天地数、大衍数、河洛数、生成数、体用数等，以“数”的奇偶推算来定卦“象”，运用阴阳五行相生相克的理论来推断人事的吉凶，从而形成了一些如“太极图”、“八卦”之类的吉祥图符，使吉祥物的形成又增加了一种来源。

秦汉魏晋南北朝期间，伴随着神仙方术和谶（chèn）纬神学的盛行，以及佛教的传入、道教的形成和佛道两教的流行等，吉祥物观念得到了统治者和佛道两教的提倡而呈现了强化和集中的趋势，寓意性吉祥图案开始出现。

秦汉魏晋期间的统治者，是异常注意强化宗教对于社会

---

① 牛爱忠、方国根：《俗文化》，中国经济出版社 1995 年版，第 37 页。

的统治作用的。在此期间，不仅有关祥瑞的记载大量出现在各种历史文献中，而且，人们开始运用吉祥物来进行人为神话的创造。陈胜、吴广起义，将写有“陈胜王”的鱼作为吉祥征兆用以服众，学着夜间狐狸鸣叫“大楚兴，陈胜王”来唤起民心，以便于发动起义。(《史记·陈涉世家》)刘邦则编造了母亲刘媪梦与天神相交合，有蛟龙盘旋在其母身上，结果自己生下来即具有龙颜之貌，成了中国封建皇帝中第一个自称为龙种的人。(《史记·高祖本纪》)如此记载在秦汉魏晋时代不乏其人。这表明，迷信神学的盛行使人为吉祥物的创造进入了又一个高峰期。

伴随着这种人为吉祥物创造高峰的到来，出现了中国吉祥物图案的一些较固定样式。汉灵帝时，“五瑞图”出现。三国时，吴主孙亮作琉璃屏风，上雕“瑞应图”达 120 余种。南北朝时，孙有之撰《瑞应图》一书，使我国的吉祥物发展达到了有体系、有固定模式的阶段。例如汉代瓦当，其纹饰主要为四神纹和动物纹。四神纹也称“四灵纹”，即青龙、白虎、朱雀、玄武。汉代把四灵视为代表季节和方位的符号，又把其看成是辟邪求福的重要吉祥物。对此，曹植《神龟赋》即说：“嘉四灵之建德，各潜位乎一方。”由这几种灵物组成的一组吉祥图案，不仅被广泛地应用于铜镜、漆器、石刻、砖瓦等各种工艺品的装饰上，而且为我国后世吉祥物向着生动自然、喜庆活泼的方向发展奠定了基础。(图 8)

图 8　汉代瓦当“四灵”纹

1. 青龙　2. 白虎　3. 朱雀　4. 玄武

再如画像石。画像石虽只在汉代流行一时，但其艺术技巧和所反映的吉祥观念却为后世所继承。如河南南阳画像石，粗略豪放，简朴优美，与明清时代的吉祥图案有了一种相似的韵味。其中朱雀力士石刻和朱雀白虎石刻的构图方式与近现代“福在眼前”构图设计基本没有什么大的区别。(图 9)

如此相差两千多年的吉祥图案在构图设计上能有着惊人的相似之处，再一次表明，古往今来人类追求幸福美好的心灵是共通的。

图 9　汉代朱雀力士石刻（左）
与朱雀白虎石刻（右）

唐宋时代，伴随着封建时代兴盛期的到来，以及文化交流的频繁和庶族地主成为时代的主宰等原因，民间追求吉祥的心情似乎表现出从来没有过的强烈。因此，吉祥物的创制不仅更加带有浓郁的喜庆气氛和乡土气息，而且在数量上有增无已，在内容上更加贴近生活，更加充满着创作者的自信。这种状况正如鲁迅先生在《坟·看镜有感》中所评价的："遥想汉人多少闳放，新来的动植物，即毫不拘束，来充装饰的花纹。唐人也不算弱，例如汉人的墓前石兽，多是羊、虎、天禄、辟邪，而长安的昭陵上，却刻有带箭的骏马，还有一匹驼鸟，则办法简直是前无古人。”

唐宋时代，被用作吉祥物模特的数量顿然增多了，而且一改汉魏时代那种以庆云、甘露、醴泉、嘉禾、河图、洛书、神马、龙、凤、龟、麒麟、鸾鸟、白鹿、白雉等带有神秘宗教色彩的吉祥物为模特的风格，几乎将后世所有的动植物类吉祥物全部利用起来作为吉祥物创作的对象。在唐宋陶瓷、染织、金银器、铜器、漆器、家具、石雕和玉雕等工艺装饰上，最为流行的题材是莲花、忍冬、葵花、团花、梅花、牡丹、散花、菊花、芍药、海棠、芦花、芙蓉、瓜棱、卷草、宝相花、折枝花、联珠、鱼、鹿、鸡、鸭、鹤、雀、喜鹊、蝴蝶、蜻蜓、蜜蜂、鸳鸯、绶鸟、大雁、狮、虎、羊、骆驼、麒麟、天马、云龙、凤凰、飞天及回纹、菱形纹等。这表明，吉祥物创作者已深入到现实生活中，开始注意从大自然中寻求吉祥观念和信仰的载体了。这种吉祥物创作方式上的转变，不仅完全摆脱了汉魏期间吉祥纹饰单调且多为神兽的特点，使各种客观存在的事物都被纳入了吉祥观念和信仰的视野中，而且表明时代的发展使人们在创制吉祥物时所运用的类比和联想方式顿然升华了。

而且，唐宋时期所创制的吉祥物，已在内容和形式上与明清时期的吉祥物有着明显的共同之处。唐代，刘赓即著有《稽瑞》一书，共收集民间流行的吉祥物达185种之多。在考古发掘中，也见有众多的吉祥图案。例如，唐代流行的“双鸾衔绶纹”铜镜，其纹饰为作舞蹈状的双鸾，嘴衔飘动的绶带，为祝寿铜镜。（图10）这种铜镜之所以流行，推测可能与“千秋

图10　唐代铜镜花鸟纹

1. 月宫纹　2. 花鸟纹　3. 卉纹

节”有关。千秋节是唐玄宗规定的八月五日为自己的寿诞节，此日群臣要献甘露、寿酒及祝寿铜镜。自此之后，这种铜镜便成为祝寿时的一种礼物。(《唐书·礼乐志》)为此，唐玄宗还写诗云：“更衔长绶带，含意感人深。”此外，还有“双鹊踏花”镜，图案为对对鸟雀站立在花朵上，并有交欢草、连理枝等花纹予以装饰，以比喻夫妇恩爱、幸福美满。如此以假借、附会等类比与联想手法创作吉祥物的思维方式，为明清时代大量吉祥物的出现奠定了基础。

明清时代，是我国吉祥图案泛滥的时代，也是吉祥欲望横流的岁月。之所以如此，恐怕与这个时期人身依附关系松弛、资本主义萌芽出现、商品经济有所发展息息相关。

在此期间，“吉祥图案是明清以来最为流行的一类图案，所占比重极大。”① 明清时期的装饰图案，大部分是图必有意，意必吉祥。吉祥图案所表达的观念，有幸福者、喜庆者、丰足者、平安者、美好者、长寿者、多子者、学而优者、升官者、发财者等等；表现手法有的是抽象意念的具象化，有的是具象事物的抽象化，运用了象征、寓意、谐音、比拟、标

---

① 田自秉：《中国工艺美术史》，知识出版社 1985 年版，第 330 页。

号、文字等多种手段。

如此丰富的类比和联想，使明清时期的各种装饰都呈现了一种吉祥的气氛。无论是官府，还是民间，一应如此。

在宫廷建筑及宫中日常用具装饰上，无论是门窗、墙壁、柱础、殿堂、台阶、回廊，还是盘盒、桌椅、床几、绣品、瓶罐等，一概为吉祥图案，到处都散发着皇家所独有的龙凤气派。

在民间所用物品上，同样如此，也弥漫着喜庆祥和的期望。

在此，仅举清代织花纹样一例，可见不同身份和职业穿用者所具有的不同心态：

贡货花样，有天子万年、江山万代、万寿无疆、四季丰登、太平富贵、龙凤仙根、如意连云、八仙祝寿、双凤朝阳、寿山福海、万胜锦、子孙龙、大云龙、朝水龙等；

官服花样，有高升图、喜相逢、奎龙图、圭文锦、喜庆大来、万寿如意、挂印封侯、雨顺风调、万民安乐、百代流芳、一品当朝、秋春长胜、五福捧寿、仙鹤蟠桃、梅兰竹菊等；

吏服花样，有八吉祥、奎龙光、伞八宝、三友会、秀丽美、枝子梅、万里云、花卉云、水八宝、旱八宝、水八结、旱八结、羽毛轻、走兽图等；

时新花样，有富贵根苗、福寿三多、樵松长春、五子夺魁、欢天喜地、富贵白头、松鹤延年、团鹤、四则龙、大菊花、大山水、大河图、大寿考、大八宝、大八吉等；

商服花样，有利有庆余、万字不断头、海棠金玉、四季纯红、年年发财、顺风得云、如意图、五福寿、小龙儿、百子图等；

农服花样，有子孙福寿、瓜瓞绵绵、喜庆长春、六合同春、金钱钵古、福寿绵绵、水八仙、暗八仙等。①

如此等等，不一而足。

这一切似乎都表明，连续不断的吉祥物创作活动，不仅使吉祥这个古老的话题到明清时代即有了一个完美的答案，而且似乎已使此时的中国人完全地沉浸在一个美好而祥和的氛围之中。但是，历史的聪明之处即在于：历史不会轻易做出一个结论，人们只能在历史未来的发展中去寻找这个答案。

---

① 以上据《蚕桑萃编》所载，其中许多纹样不知其具体形象，也有不通之处。

二　物的观念化与观念的物化

毫无疑问，吉祥物之所以被称为吉祥物，其原因在于两个方面：一方面是这种事物所表达的观念和信仰属于吉祥如意的性质；另一方面这种事物是看得见、摸得着的客观实在。这就是说，吉祥物的浑身流淌并散发着人类的吉祥观念和信仰，而人类的吉祥观念和信仰是被凝聚和内化在吉祥物之中了。

那么，是否所有的客观事物都能成为吉祥物呢？人类的吉祥观念和信仰又是如何同客观事物相融合而成为吉祥物的呢？

显然，这些问题同样是探讨吉祥物形成中不可回避的问题。在此，略作试论。

（一）吉祥物：无声的祝福

人们常说，优美的音乐是流动的建筑，而雄伟的建筑则是凝固的音乐。

在我们看来，吉祥物既是流动的建筑，又是凝固的音乐。它既是诗，又是画，既弹奏着优美的音乐，又展现着雄伟的建筑。

吉祥物是凝固的音乐，它物化了人类的吉祥观念和信仰，成为无声的吉祥祝福。

吉祥物是流动的建筑，它被运用于人类衣食住行的各个方面，无处不在地伴随着人们从生到死，唱出了最美好的人生祝福之歌。

大千世界，无奇不有。组成世界的客观事物千千万万，为什么人类单单对那样几种少得可怜的吉祥物情有独钟？显然，这其中有着一些原因。

吉祥物之所以被人们从众多客观事物中挑选出来而用吉祥观念和信仰加以着意装扮，最根本的原因在于这类事物本身的自然属性即具有可以被人类吉祥观念和信仰装扮和粉饰的基础。否则，巧妇难做无米之炊。

那么，客观事物的哪些自然属性能与人类的吉祥观念和信仰相吻合、相接轨呢?

很显然，首先，那些被选择为吉祥物的客观事物必须具有一定的优点。吉祥物所具有的优点，可以用孩童时代区别好人还是坏蛋的简单思维方式来加以区分。这是因为，在人类的早期时代，人们所具有的所有善恶美丑的思维成绩即在于是“好”还是“坏”两个字。即使到了商周时代，不，应该是现代，那些以占卜为职业的术士卜巫们仍在使用着“吉”、“凶”这两个概念，而这便是占卜的主要内容和核心结论。

可见，人类选择吉祥物的标准和依据，完全可以用一个字来概括:“好”。

人类吉祥观念和信仰的标准即是如此简洁而纯朴。相应地，人类选择客观事物作为吉祥物的标准和依据也是如此的简洁和纯朴。无论这种客观事物如何惊天动地，如何有着自己明显的特点，人们也不可能把吉祥美好的原生态信仰装扮和嫁接到这种被认为是坏的客观事物上。例如狼。狼生性凶狠、残忍、贪婪、奸诈，既害家畜，也伤人命。基于狼的这种特性，形成了众多的词语和寓言。词语如“狼心狗肺”、“狼子野心”、“狼狈为奸”等，寓言如“狼来了”、“东郭先生和狼”等。这些都是民俗现象，但民俗从没有把狼作为吉祥物。相反，虎虽凶猛，也攻击人畜，但虎啸山林的威武和虎跳山涧的勇猛使人感到虎的神韵，从而被人称之为“百兽之王”、“山兽之君”。(《说文》)因此，人们习惯以“虎将”比喻将领的英勇善战，以“虎士”、“虎夫”、“虎贲”比喻英雄好汉，以“虎符”、“虎书”作为调兵遣将的信物和兵权的象征，以“虎头虎脑”形容年轻人身体的健壮。此外，书法有“虎爪书”，医家有“虎戏”健身术，画家有“虎”画。在民俗观念中，虎被作为辟邪镇祟和保佑平安的吉祥之物。(图 11)《风俗通》即说：“虎者阳物，百兽之长也。能噬食鬼魅，……亦能辟恶。”这样，导致了虎成为吉祥物而延续至今。这些都表明，客观事物所具有的自然属性是否与人类的吉祥观念相吻合，是其能否成为吉祥物的必要前提条件。

人啊，秉性就是如此仁慈和大度。显然，人类在创造吉祥物时似乎在玩着小孩子般的游戏，但简洁之处更可显示人类的伟大：他们将最美好的东西慷慨赐予对自己尚有一点好处的虎，而对残害自己的狼则一点也不给予。

图 11　潍县年画“镇宅神虎”

当然，人类在用吉祥观念和信仰装点吉祥物时，总是首先把最美好的吉祥祝福赐予那些自然属性与人类吉祥观念和信仰完全重合的客观事物。这是人类偏爱的表现，也是人类创造吉祥物时到处乱贴标签的一种反映。

如此创造吉祥物的做法，使不同类型的吉祥物往往具有了相同的吉祥观念和信仰。如松与龟。松是文人墨客所咏赞的对象，也是朝野普遍珍视的吉祥物。《花镜》说：“松为百木之长……皮粗如龙麟，叶细如马鬃。遇霜雪而不凋，历千年而不殒。”由此，松被视为长青之树，有着高尚的风格；松被视为长寿之树，作为高寿的象征。松树的这些特点，被人们延伸和发挥之后，被作为迎客吉祥物，寓意情深意长，友谊长存；被作为祝寿吉祥物，寓意青春永驻，健康长寿。因此，“松鹤延年”、“松鹤长春”是寿诞的流行图案，“福如东海水长流，寿比南山松不老”是大众化的寿幛祝词。此外，“松柏同春”、“岁寒三友”（松竹梅）、“松菊犹存”、“仙壶集庆”（花瓶中插松枝、灵芝、梅花、水仙等）等图案，无不是流行的吉祥图案而被广泛地应用于画稿、文具、器物之中。

龟为水生动物，与松树绝不同种，但龟与松一样，在吉祥物中都有着相当高的地位和名气。甚至，龟比松的名气还要大。它与龙凤麟并称为“四灵”，为中国最大的神物和吉祥物之一。宋代陆游认为龟有贵、闲、寿“三义”，晚年自号龟堂。龟之所以有如此大的名气，恐怕在于其寿命长。古人认为，寿命长，阅历多，自然龟能鉴往知来，因而被用于占卜。对此，《淮南子》说：“必问吉凶于龟者，以其历岁久也。”于是，在神学政治的渲染下，龟渐渐成为帝位的象征，与龙靠近；成为国之重器，与鼎靠拢。《宋书·符瑞志》说，三千岁龟“知存亡，明于吉凶。禹卑宫室，灵龟见。”《后汉书·宦官传序》云：“自曹腾说梁冀，竟立昏弱。魏武因之，遂迁龟鼎。”而民俗文化最关心的是龟的长寿。因此，民间有以龟为吉祥物祝寿者，以“龟龄”喻人长寿，与“鹤算”结合而为祝寿之词。其吉祥图案有“龟鹤齐龄”，（图 12）用于画稿、家具、什器、建筑中。

图 12　龟鹤齐龄

松龟相去甚远，却皆被贴上了长寿吉祥观念和信仰的标签。人类啊，在用吉祥观念和信仰装扮和充实客观事物时，实在有点拿来主义的味道。此类创造吉祥物的方式，可以称之为“直接赋予”式。

客观事物所具有的自然属性之所以能直接地与人类吉祥观念和信仰相重合，是因为人类的吉祥观念并非是空穴来风，而是对客观事物所具有的自然属性的不断总结、概括和提炼而升华出来的。人类的所有民俗行为都体现了一个共同的愿望：五谷丰登、六畜兴旺、国泰民安、家族繁衍、健康长寿、丰衣足食。这些美好愿望的出现，既是大自然对于人类不断肆虐的结果，也是人类不断追求的结晶。而人类对于美好愿望的追求，首先基于对客观事物美好自然属性的总结。人有生老病死，草有青茂荣枯，可是松树为什么一年四季常青，多年繁茂永驻？龟为什么能数百年长生不老，数千年完好生存？不同客观事物所具有的如此强烈反差对比，很容易使人产生吉祥观念的原生态信仰，从而将某种事物所具有的这种自然属性观念化之后而形成吉祥物。

当然，人类并不是那种遇到具有一定优点的客观事物即把吉祥观念和信仰的标签随意乱贴的糊涂蛋和鲁莽汉。他们在创造吉祥物的过程中，同样要针对客观事物的自然属性，进行一番发掘、整理、分析和概括的努力，从而使客观事物的自然属性得到延长、引申和升华，使人类的吉祥观念和信仰自然而然地渗透到吉祥物中。人们创造吉祥物的这种方式，可以名之曰“延长引申”式。

在吉祥物群体中，有些吉祥物的自然属性显然与人们的吉祥观念和信仰有着一定的距离，但这并不阻碍人们将这种自然物创造为吉祥物的步伐。这是因为，客观事物自然属性的外延，是可以运用延长引申的方式予以扩大的。例如白头翁。白头翁，学名称“白头鹎”。其头顶黑色，眉及枕羽白色，老鸟枕羽更加洁白，故名“白头翁”。作为飞禽，白头翁实在微不足道。它鸣声单调，多在田圃、竹树林中，以昆虫、杂草种子及浆果等为食，益害状况亦因时因地而异。仅是因为其毛色特点及其名称与白发老人相同，从而被人们比附类推为鹤发童颜、长寿白头老人的象征而成为吉祥物。其吉祥图

图 13　长春白头

案主要有“长春白头”、“白头富贵”、“堂上双白”等，皆寓意夫妻白头偕老、幸福美满。(图13)

类似松、龟等所具有的某些自然属性能与人类的吉祥观念和信仰重合的动植物毕竟太少了。与此相比，类似白头翁所具的某些自然属性经过人类的延长引申之后即可以升华为吉祥观念和信仰的动植物则显得多了起来。这样，凡是具有真、善、美等特点的客观事物，经过人们的开拓之后即可能被创造成吉祥物。在这方面，动植物不仅以其所具有的纯自然特色吸引着人类，而且以其与人类朝夕相处而为人们所熟悉。因此，人类必然能发现不同动植物所具有的与众不同的优点，从而为人们延长和引申其优点而升华为吉祥观念和信仰提供了必要的前提条件。

人啊，为装扮自己的生活，确实花费了一代又一代人的苦思冥想。

中国人的这种努力，不仅使吉祥物阵营得到了迅速的壮大，而且不断延长引申客观事物自然属性的结果，使动植物成为吉祥物的数量占有了整个吉祥物阵营的绝大多数。在有关中国的吉祥物书籍中，对吉祥物记载较为全面的为乔继堂所著的《中国吉祥物》，其中所述吉祥物有107种，仅自然界中客观存在的动植物即达65种，占总吉祥物种类的60.7%。①

甚至，人们延长引申动植物自然属性、创造吉祥物的过程，也是人类不断加深认识动植物的自然属性、创造吉祥观念和信仰的过程。如牡丹以其独特姿质而被人们称之为“国色天香”，誉为“花王”。这些称誉即带有了超越审美观点的意义，而将其视为“富贵花”，反映了人们企盼和祝颂富贵的愿望。这样，牡丹花的图案即变成了无声的语言，向人们宣泄着娇艳丰姿的同时，也把富贵的祝福撒向了人间，从而导致了牡丹成为传统吉祥图案的重要题材。此外，如红梅、山茶等花，冬末开花，凌霜傲雪，先得春意，用以代表春光；合欢晨舒夜合，近于夫妇之道，用以祝福夫妻和谐；虎为百兽之王，豹有韬晦之略，用以比喻君子圣人，故而有“大人虎变，君子豹变”之说。（《易·革》）如此等等，不一而足，既充分体现了自然属性被观念化、信仰化的过程，又充分揭示了吉祥观念来源于客观事物自然属性的认识规律。

中国人利用客观事物的自然属性创造培植吉祥物的第三种方式为“实用价值升华”式。这类客观事物具有明显的实

---

① 据乔继堂《中国吉祥物·正文目录》统计，天津人民出版社1990年版。

用价值，且其实用价值的本身即具有吉祥美好的性质，经过人们的总结提炼之后便可升华为吉祥观念和信仰，从而使这种客观事物成为吉祥物。吉祥物如此被创造的过程，充分体现了民俗文化作为文化与生活双重复合体的特征。

最能体现这种吉祥物创造形成方式的，是与人们日常生活衣食住行有密切关系的客观事物。例如房居。过去，房屋建筑过程中有着众多的仪式，并使用不同的吉祥物。建房选址要看风水，有的少数民族要占卜。独龙人举行占卜定址仪式时，主人要手握几粒谷种，放在烧热的石板上，若受热后谷子蹦落到地上，便可在此建房。① 在这里，谷子即成为吉祥物。上梁是最重要的仪式。山东、河北一带所用房梁需为榆木，且要在梁上用红布拴上筷子、铜钱等，贴上“吉星高照”的红帖，民间认为榆梁寓意为“有余粮”，是吉祥物。四川上梁时要在梁中间贴一块红布，俗称“大梁披红”。之所以如此，据说是与树精杀了忘恩负义的武才，以其人皮包裹房梁有关。② 可见，房梁也被认为是有灵性的吉祥物。此外，其他

① 蔡家麟：《独龙族社会历史综合考察报告》，民族出版社 2008 年版，第 43—44 页。

② 见《秦风》1983 年第 2 期。

各地还有在梁上拴镰刀、镜子、面鱼、笔墨的，分别寓意多收粮食、镇妖辟邪、人丁兴旺、子孙读书等。如此等等，都在于以物寄情，希冀家业兴旺、平安幸福、人丁繁衍、子孙仕进等。如此众多的吉祥物，将房居打扮成了一个神圣而又吉祥的世界。

吉祥物民俗如此深入民众的生活，必然导致人们对于其实用价值的深入探索，从而使其自然属性升华而成为一种固定的民俗意识。在这方面，各种中药草反映得最为明显。如枸杞。枸杞具有很高的药用价值和保健作用，花、根、实皆可入药。古人认为，枸杞有“阴兴阳起”之功效，食之能延年益寿。《群芳谱》即说，枸杞“花叶根实并用，益精补气不足，悦颜色，坚筋骨，黑须发，耐寒暑，明目安神，轻身不老。”因此，枸杞被送以“地仙”、“地骨”、“却老”等美名。现代科学测定，枸杞含有枸杞硷，是一种具有强身壮体作用的物质。以枸杞干果入药，有助滋补。以枸杞叶代茶，同样也有滋补之效。枸杞可治疗多种疾病，故而民间有“一丛枸杞树，半栋中药铺”之说。枸杞所具有的如此显赫的作用，为其被人们选择为延年益寿的吉祥物开辟了道路。过去，常杞菊并称，有“杞菊延年”吉祥图案盛行。

在古代，我国为世界做出的杰出贡献之一即为中医药。一食一药，攸系民生。人们将众多食物和药草观念化、信仰化为吉祥物，也势在必然了。

吉祥物，是人类文化不可或缺的组成部分。吉祥物如五彩缤纷的花朵点缀了人们的生活，在以无声的语言向人们祝福纳祥的同时，也向世人宣告：物性的观念化、信仰化的实现绝非是轻而易举的简单过程，而是充满着人类智慧和艰辛的复杂创造历程，这一物的观念化过程，其实质即是文化学中所界定的物的文化化。

（二）唯心命题：观念的物化

世人皆知的一个常识是：哲学的根本问题是物质是第一性的，还是意识是第一性的问题，这是唯物主义与唯心主义的一个分水岭。

但是，我们在此却使用了这样一个似乎有着明显错误的唯心主义哲学命题：观念的物化。

不过，我们认为，没有机器可以造出机器来，没有上帝也可以造出一个上帝来；虽然命题似乎是错误的，却是符合客观实际的。这是因为，民俗文化本身即是一种由唯物与唯心两种文化成分杂糅在一起的基层文化。其中有科学，也有迷信；有精华，也有糟粕。吉祥物民俗文化同样如此。何况，观念的物化如同物的观念化一样，同样是吉祥物形成过程中的一种方式。在文化学中，吉祥物形成的这种方式实质即是文化的物化。

在吉祥物的阵营中，我们发现有两类吉祥物的来源很值得深思：一类是，虽然这类吉祥物在现实世界中有着广泛的客观实在，但是，这种客观实在的自然属性根本与人类的吉祥观念和信仰没有任何相似之处；另一类是，在客观世界中，根本没有发现这种吉祥物的现实存在，但作为吉祥物它又是一种实实在在的客观事物。

对于第一类，即客观实在的自然属性不具有吉祥观念和信仰特征的那类吉祥物，在其形成过程中，人们也能运用比附类推、附会假借的手段，使客观事物的自然属性发生变形、扭转和增生，以一条曲折的道路来表达人类的美好愿望，寄托人类的吉祥如意。因此，这类吉祥物实质也属于精神产品之列。

在此，人类进行自我蒙蔽、自我欺骗的同时，也扩大了客观事物自然属性的外延，以一块人为的虚假自然属性的荒野，为人类的吉祥观念和信仰在客观事物身上寻找到了可以寄托的空间。由此看来，这类吉祥物大都带有“强逼奴家卖笑”的特色了。

人类在创造这类吉祥物所使用的比附类推、附会假借的具体手段主要有两种：

第一种，谐音取意。

由于汉语语言的自身特点，为谐音取意提供了极为方便的条件和广阔的天地。在汉语语言中，一个读音可能有多个汉字，从而导致相同读音的字、词表达多种意思的现象广泛存在。这样，利用语音相同或近似的字、词来表达不同的内容，既可以取到一定的修辞效果，又可以使语言变得妙趣横生，幽默诙谐。例如，歇后语“外甥打灯笼——照旧（舅）”，口语“888”（发发发）、“1098”（一动就发），诗词“道是无晴（情）却有晴（情）”等，都因谐音而使语言效果大增。这种现象，既是一种语言表达的方式方法，也是一种民俗在语言上的表现。因此，这就为吉祥物民俗借助于语言民俗的手段来表达吉祥观念和信仰提供了方便条件和有力形式，从而导致了一些吉祥物的形成。

在吉祥物的王国中，以谐音取意而形成的吉祥物所在多有。例如，结婚仪式中，在农村要向新娘新郎撒枣子、栗子和花生，谐音取意即为“早得贵子”、“早立子”和“姑娘、小子花搭着生”。很显然，这些吉祥物的用途即因其名称而被赋予了吉祥观念。其他如“佛手”被谐音取意于“福”，“鹿”被谐音取意于“禄”，“喜鹊”被取意于“喜”，“桂花”与“桂圆”被谐音取意于“贵”等，所在多有，不胜枚举。

以谐义取意手段而形成的吉祥物虽带有唯心主义色彩，但在很大程度上体现了中国传统时代民俗文化所具有的生活与文化双重复合体的特点。凡是与人类生活密切相关的事物，只要有一点能发挥人类吉祥观念之处，中国古代居民即不放过。因此，以重“名教”而著称的中国人，是绝不关心“白马非马”的哲学思辨的。他们最关心的是“图吉利”，最盛行的是庸俗实用主义，从而导致了凡与吉祥观念沾边的客观事物都被拿来为我所用局面的出现。

于是，在吉祥物中出现了以丑为美的现象。例如蝙蝠实在是一种丑陋不堪的动物。论其相貌，丑不可言；论其行为，昼伏夜出；论其德性，毁人屋檐。这一切，实在都不能启发人们的吉祥观念。然而，蝙蝠形象确为较流行的吉祥物之一。蝙蝠之所以成为中国人的吉祥物并出现在多种吉祥图案中，唯一的原因即在于“蝠”与“福”音相通，而“福”字又是中国人吉祥如意观念的统称，故而蝙蝠得到中国人的青睐而变成了吉祥观念的载体。以蝙蝠纹饰而形成的吉祥图案主要有“双福临门”、“五福捧寿”、“多福多寿”、“福在眼前”、“福寿双全”、“纳福迎祥”等。(图 14)

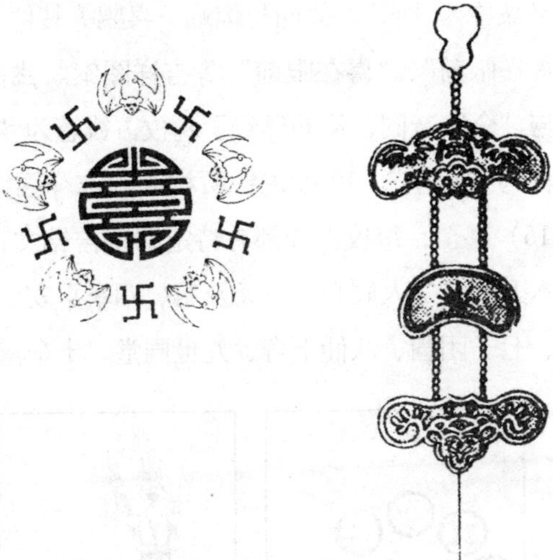

图 14　蝙蝠吉祥图案

“三福会聚”(右)、“五福捧寿”(左)

最能体现功利主义的吉祥物，是对古器物类吉祥物的运用。古器物大多因其所具有的文物价值而被人们视为吉祥物，这是其自然属性的延长和引申。例如，公元前 117 年，因有青铜鼎出土，汉武帝认为这是祥瑞征兆，于是将其年号改为元鼎。但是，有些古器物的文物价值并不高，却因谐音取意而成为十分流行的吉祥物。如钱与戟。“钱”音与“前”同声同韵，加之古钱的孔又被称为“眼”，故而与蝙蝠、喜鹊等其他吉祥物组合而形成“福在眼前”、“喜在眼前”等吉祥图案。钱古称“泉”，而“泉”与“全”音同，从而导致了两枚古钱意为“双全”，10 枚古钱则称为“十全”。10 枚古钱所构成的吉祥图案为“十全图”，（图 15）甚至，每枚古钱都有特定的祝吉铭文，其铭文依次为：一本万利、二人同心、三元及第、四季平安、五谷丰登、六合同春、七子团圆、八仙上寿、九世同堂、十全富贵。

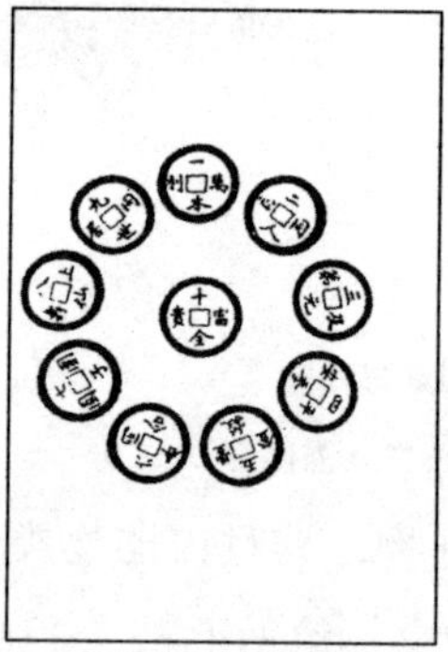

图 15　十全图

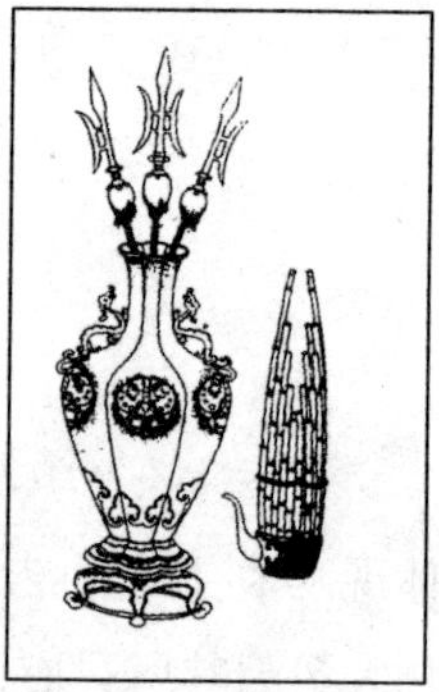

图 16　平升三级

作为古兵器的戟，虽然在唐代被作为官阶武勋的象征，官、阶、勋达到三品的权势之家可列戟于门前，故而称显贵之家为“戟门”，并因此而在唐代形成了以列戟制度来表示死者身份的丧葬习俗。但是，时过境迁，这些制度和习俗早已被民间忘得干干净净。现在，民间仍以戟作为吉祥物，原因则完全在于“戟”音与“吉”相谐，且与“级”音相同。于是，便产生了“平升三级”的吉祥图案，其构图则是在瓶子中插上3只戟。(图16)

这些谐音取意式吉祥图案，虽假借了语言修饰的手法，却没有取得令人折服的语言修饰效果，无疑是一种如同儿戏一般的物的文化化。不过，将人们的吉祥观念与客观事物生拉硬扯在一起，凑合着装扮了吉祥物的同时，也显示了民俗吉祥物作为原生态文化意识团的低层次特征：唯心主义色彩浓重。

第二种，传说附会。

如果说，以谐音取意来创造吉祥物起码还有客观事物所依据的话，那么，以传说附会来创造吉祥物则与客观事物存在着若即若离的状况了。

神话传说是我们祖先的创造物，又是他们的生活和思想的历史见证。在母系制时代，中国即产生了有关女娲的传说：女娲抟土造人，女娲炼石补天。这些传说不仅反映了女性的伟大，而且也反映了女人与土地乃是一个农业民族种族生存和发展的最基本的条件。

于是，形成了纪念女娲抟土造人和补天的节日风俗，并出现了一些吉祥物。在河南淮阳地区有人祖陵，当地人以女娲为人祖奶奶。每年从农历二月二到三月三，淮阳都要举行人祖庙会，方圆数百里的人蜂拥而至，进行祭人祖、占卜等活动。一些乞子妇女要买几件用黄土捏成的人兽形状的“泥泥狗”，供在人祖奶奶庙中，烧香祈祷后带回家中，表示从人祖处领回了自己即将生下的孩子。① 陕西临潼及蓝田一带，农历正月二十日为“补天补地节”。节日的主要内容是吃“补天饼”，饼有煎饼、烙饼、蒸饼等，形状为圆形、薄页。在吃饼前，家庭主妇要撕饼抛向房顶以象征“补天”，然后扔向井中或者搁在地上以象征“补地”。② 可见，淮阳的“泥泥狗”与陕西的“补天饼”，皆带有吉祥物的色彩。但是，这些吉祥物与以前所谈吉祥物相比，已有着截然不同的形成过程和道路：

---

① 宋兆麟：《生育神与性巫术研究》，文物出版社 1990 年版，第 38 页。
② 张自修：《骊山女娲风俗及其渊源》，《陕西民俗学研究资料》第 1 集。

以前所述为物的信仰化、观念化，所体现的是物的文化化特征；现在所谈则为信仰和观念的物化，所反映的是文化的物化特征。

传说包含着人类的观念和信仰，将传说附会在具体的客观事物上，具体的客观事物便带有了灵性而成为吉祥物。这既是吉祥物产生和形成的又一条道路，又是人类自我欺骗、自我蒙蔽的一种表现。

不过，值得注意的是，附会传说而产生的吉祥物在其客观存在的形态上，有时表现为纯客观的实在，有时却表现为纯客观实在的集合，有时甚至表现为纯粹的虚拟。此类吉祥物客观存在形态的这种特点，既体现了吉祥观念与客观事物存在着一定距离的特征，又反映了吉祥观念和信仰在物化过程中存在着不彻底、不完全的特点，还表明附会传说而生成吉祥物的三种不同道路。

客观实在的事物被附会以传说，从而使其身份大增而成为吉祥物者，主要是一些动植物，如蜘蛛、喜鹊、灵芝、吉祥草等。喜鹊因“喜”字而被人们视为流行的吉祥物。但是，考察其名称，古时仅称“鹊”，因其被认为有感应预兆的本领而被称为“神女”。只是到了宋元以后，传统观念中的“四喜”，即所谓“久旱逢甘霖，他乡遇故知，洞房花烛夜，金榜题名时”产生之后，喜鹊才有了当今这个俗名。喜鹊作为吉祥物，民间主要认为其作用在于“报喜”。对此，《西京杂记》引陆贾的话说：“乾鹊噪而行人至，蜘蛛集而百事喜。”王仁裕（《天宝遗事·灵鹊报喜》）说：“时人之家，闻鹊声，皆白喜兆，故谓灵鹊报喜。”可见，“喜鹊叫，亲人到”，是民间吉祥观念的主要组成部分。《风俗通》云：“织女七夕当渡河，使鹊为桥。”如此记载，显然是牛郎与织女农历七月七日鹊桥相会民间传说

图 17　报喜图

的反映。(图 17) 这表明，喜鹊作为吉祥物，在民俗观念中是先具有感应预兆的灵性，又因神话传说而扩大为具有多种喜事象征内容的。

至于蜘蛛作为报喜的象征，则纯出于传话的附会了。民间一则传说谓：有一母子久别，一天，母亲见衣上有一蜘蛛，便认为自己的儿子要回来了。不几天，儿子果然回家。母子团聚，互诉衷情。从此，蜘蛛即与喜事联系了起来。这则传说兴起的时间当很早。《尔雅·释虫》即称长腿蜘蛛为“喜子”。陆机《毛诗草木鸟兽鱼虫疏》云：长腿蜘蛛，“荆州河内人谓之喜母。此虫来著人衣，当有亲客至，有喜也。”由蜘蛛兆喜俗信所形成的吉祥图案有“喜从天降”、“天中集瑞”等。

纯客观实在的集合被附以传说，从而能使模糊性集合动植物成为吉祥物的载体。这类模糊性集合动植物主要有龙、凤、麒麟等。龙、凤、麒麟皆为传说中的动物，其形象也都为客观世界中不同动植物乃至天象等事物的模糊集合，其德行和神性也都是以传说为媒介而将人类的观念和信仰予以渲染和塑造的。

在这几种吉祥物中，有关麒麟的传说在古代文献中记载最为清晰。《汉书·武帝纪》颜师古注：“麟，麋身牛尾，狼头，一角，黄色，圆蹄，角端有肉。”可见，麒麟是由人们根据不同动物的形象凑合而形成的一种集合性动物。作为“四灵”之一的麒麟之所以能成为吉祥物，主要与孔子有一定的关系。传说，孔子出生之前，有麒麟在他家院子里口吐玉书，说他是王侯的种子，却生不逢时。(《拾遗记》) 又传说，孔子生活的年代，礼崩乐坏，社会动荡不安，有麒麟出于郊野，被人所残，孔子喟叹麒麟“出非其时”，所写《春秋》也于此绝笔。很显然，麒麟作为吉祥物，在民间风俗观念中主要在于“麒麟送子”这一主题即来源于此。(图 18) 麒麟送子吉祥

图 18　麒麟送子

图案，不仅寓意麒麟为送子灵兽，而且寓意子孙贤惠仁厚。因此，过去小儿长命锁有以银打成麒麟形状者，以寄“麟子”之意，表达的便是这种吉祥观念。

至于虚拟事物被附会以传说，则纯粹是在吉祥观念和信仰支配下产生了传说，后又将传说中的吉祥观念和信仰物化为吉祥物的。在这方面表现最为突出的则是天官、寿星、八仙、麻姑等神人。

这些所谓的“神人”，或托古代一官名，或寄古代一凡人，或附天上一星象，或依人间一记载，之后便生成了一系列传说，最终将掺杂在传说中的吉祥观念和信仰物化为吉祥物。如麻姑。麻姑为传说中的女仙，其来历众说纷纭。南宋刘敬叔《异苑》说秦时丹阳市即有麻姑庙，麻姑出生时即有道术，为夫所杀。《列仙全传》说麻姑为后赵时麻秋之女，修道成仙。《古今图书集成》引《登州府志》说麻姑为宋政和年间（公元 1111 年—1117 年）建昌人，修道于东南姑余山。最流行的说法为葛洪《神仙记》，认为麻姑为东汉桓帝时人，年轻时容貌极美，三月三西王母寿诞时曾以灵芝酿酒献王母。这种传说使“麻姑献寿”成为最为流行的吉祥图案。(图 19)

图 19　麻姑献寿

如此子虚乌有的人物和动植物，经过一番附会传说的制作功夫，古代中国人即能制造出喜气洋溢的吉祥物来。由此看来，“人类之手应该就是上帝之手”。

如果说，前一类吉祥物，即客观实在的自然属性不具有吉祥观念和信仰特征的那一类吉祥物是以上帝之手硬着头皮制造出来的话，那么，第二类吉祥物，即客观世界中根本未曾存在过的，但作为吉祥物又确确实实是一种客观实在的那类吉祥物的产生和出现，则纯粹是一种精神产品、一种典型的观念与信仰的物化了。

在创造这类吉祥物的过程中，人们所运用的手段既不是对客观事物自然属性的延长和引申，也不是将吉祥观念和信仰通过比附类推、附会假借等方式嫁接和物化到某些实在的或虚拟的事物上去，而是通过抽象思维的方式，或对客观事物，或对历史现象，或对哲学命题等予以抽象和概括，以一种从精神到物质的途径，创造出一类带有图符性、象征性的吉祥物。

这类吉祥物的制作，主要通过以下几种手段：

第一种，艺术加工。

通过艺术加工而形成的吉祥物，主要由文人墨客予以完成后而逐渐流行于民间的。这类吉祥物的出现，充分体现了民俗事象生成过程中社会上层的大力提倡和推波助澜作用。在这类吉祥物中，主要有“囍”、“寿”、“福”等汉字吉祥图案。

例如“囍”字，习惯上称为“双喜”。它形似汉字，实际上是一种吉祥图符。传说，此字为宋代名人王安石所创。起因是王安石在洞房花烛夜，又遇金榜题名时，于是按捺不住心中的喜悦，挥毫连写两个大喜字，以宣泄他胸中喜上加喜的心情。从此，“囍”字便成为喜庆，尤其是婚嫁的吉祥符瑞。在此之后，文人墨客便在寿、福等字上大做文章，以至于出现了各种“百寿图”（图 20）、“福寿双全”、“百福图”等以汉字为基础的吉祥图符。

图 20　百寿图

如果说“囍”字的艺术加工还有点客观所本的话，那么，有些吉祥神人的创造则纯属精神的物化了。例如寿星与喜神。寿星本为角亢二宿，是二十八宿中东方苍龙七宿的头二宿。郭璞注《尔雅·释天》“寿星”说：“数起角亢，列宿之长，故曰寿。”司马迁认为寿星为南极老人星，位于西宫狼比地。

(《史记·天官书》)角亢二宿现被划入室女座，5月初傍晚在我国东方低空出现。南极老人星位于南纬50°以南，在我国北方不容易见到，在长江以南，特别是岭南地区才于2月间见于南天低空。据说，康熙帝在紫金城中看不到此星，有一次游江南时，特意在南京登高眺望。就是这样尚有争论不知所指的星，居然因一个“寿”字而被奉为神人，并有了一个逗人笑的寿星形象：身材不高、弯背弓腰、慈眉善目、笑逐颜开、白须飘逸、脑门突出、脑袋特大、秃顶无发，右手拄龙头拐杖，左手托长寿仙桃，至于“星”的形象则全然不存，完全变成了一位慈祥仁厚的长者。因此，猪八戒见到寿星时，才叫他“肉头老儿”，并调侃他是为人“添寿”的奴才，还把僧帽扣在他的头上，戏说这是“加冠进禄”。(《西游记》第26回)八戒的调皮和寿星的仁厚，跃然纸上，但“星”字的韵味却荡然无存了。

而喜神则更是人们造出来的。喜神大概是阴阳家的作品，是为满足一般人对喜庆的需求，特别是为满足世俗婚姻的需求而特意造出来的。旧时，新娘出嫁，轿口要对喜神所在方向，坐床要对喜神所在方位，俗信认为只有这样才能一生喜事连连。不过，阴阳术士们并没有给喜神赋予一定的形象，而且喜神所在的方位变化不定。这样，新娘要知道喜神所在方位，只能花钱送礼以求助于阴阳术士了。可见，喜神不仅是纯粹的精神产品，而且是阴阳先生生财的一种依赖。这真是“门门有道，道道有门”。阴阳家利用了吉祥物所带有的趋吉避凶、追求吉祥的民俗心理，造出了一个喜神，喜神则使骗者与被骗者都得到了满足：天喜地喜，皆大欢喜。

第二种，抽象思维。

抽象思维既是从许多事物中舍弃个别的、非本质的属性，抽象出共同的、本质属性的一种思维方式，也是形成概念的一种必要手段。运用抽象思维方式所创制的吉祥物具有模糊度高、集合性强、曲折含蓄的特点。在这方面，龙、凤、麒麟和太极图、八卦图等吉祥物表现得尤为明显。

例如凤。凤为中国传说中的吉祥鸟。它与龙一起构成了龙凤文化，在中国民俗文化中占有极为重要的地位。关于凤的起源，综合古代文献及考古资料，有鹑鸡类祥鸟说、鹰鹗类鸷鸟说、踆鸟说等。① 总之，凤是古人对一些美鸟模糊集合而产生的一种瑞鸟。在凤的身上，集中了众多美好而高雅的

① 王大有：《龙凤文化源流》，北京工艺美术出版社 1987 年版，第 16—59 页。

灵性。凤能给人间带来祥瑞，即所谓“凤凰之翔，至德也，雷霆不作，风雨不兴，川谷不澹，草木不摇。”（《淮南子·览冥训》）凤象征着清雅高贵，即所谓“非梧桐不栖，非竹实不食，非醴泉不饮。”（《春秋演孔图》）由此便形成了一系列凤的习俗及有关吉祥图案。这类吉祥图案，无论在民间，还是在贵族社会中，都被广泛地使用着。如皇后头戴凤冠以象征显贵，而民间新娘也可戴凤冠以表示喜庆。“凤凰来仪”图案，象征着钟情男女的结合。“丹凤朝阳”图案，寓意着贤才

图 21　龙凤呈祥

遇时而起。“凤凰于飞”图案，寓意夫妻和谐。“龙凤呈祥”图案，寓意姻缘美好。(图 21)“凤麟呈祥”图案，寓意子女贤达等等。而这一切，也都源于凤那令人难以捉摸的美好形象。因此，《太平御览》卷 915 说，凤的形象有“六像”：头像天，目像日，背像月，翼像风，足像地，尾像纬。如此所言，抽象得很，模糊得很，但恰如其分地反映了凤被抽象思维创意手法所制造的特点。大概正是因为这种原因，画界流行的俗语才说：“龙好画，凤好画，手难画。”

由此，我们看到了精神的力量：它能支配和鼓舞人们去努力探索和改造客观世界，给人以精神家园的欢乐；又能支配和影响着人们去塑造出世界上本来未曾有过的东西，无中生有地制作出一个新的物种来。在此，唯物与唯心共生，科学与迷信交融，形成了一个既有精华，又有糟粕的吉祥物世界，组成了一个令人深思又充满吉祥如意的精神家园。

“人有精神生活，要营造精神家园，这才是人的本性。”[1]在营造精神家园时，中国人充分利用了吉祥物这一特殊形式。只是，在营造和培育之际，中国人所采用的手段中缺少的是

① 周昌忠：《生活圈伦理学》，上海社会科学出版社 1997 年版，第 30 页。

唯物的精心建造，富余的则是唯心的大笔涂抹。如此观念物化所显示的不是其他，只能是：人类之手确实就是上帝之手。

三　五彩纷呈的吉祥物

中国是一个吉祥物繁多的国度。在吉祥物的家园里，千姿百态，成员众多，而且各自为政，互不统属，芸芸众生，群龙无首。这自然为吉祥物的分类带来了极大困难，造成了令人难以逾越的障碍。

不过，吉祥物既然被称之为“物”，那么，我们即可按“物”的属性给予分类。或许，如此分类，可能带有一定的科学依据。在此，权作尝试。

（一）动物类吉祥物：莺歌燕舞

动物是人类生活圈内不可或缺的组成部分。众多动物与人类友好相处，形成了相辅相成的密切关系。人类呵护各种动物，除了有其经济目的之外，还有精神生活、生态平衡等方面的考虑。

在远古时代，动物是人们观察一年四季变化、自然气象变更的主要依据对象。动物的出没、迁徙、鸣叫、繁衍等，都能给人类传递着大自然即将出现某些变化的信息。这种观察和信息，不仅为后世物候学的产生提供了可靠的基础和重要的内容，而且为动物类吉祥物的形成提供了不可缺少的依据和来源，从而使动物吉祥物成为一类重要的吉祥物。

动物类吉祥物主要有龙、凤、麒麟等模糊集合性动物，以及虎、豹、狮、象、鹿、猴、羊、兔、蟾蜍、蝙蝠、蝴蝶、鹤、鸳鸯、孔雀、火鸡、鸽子、燕子、雄鸡、百灵、白头翁、喜鹊、雁、鹌鹑、鹭鸶、比翼鸟等陆地动物和龟、鱼等水生动物等。其中，龙、凤、麒麟、虎、羊、蝙蝠、喜鹊、白头翁、蜘蛛和龟等已于本书其他各章节作过简要介绍。在此，仅对所余动物代表的吉祥观念简述如下：

豹。豹是山林中的猛兽。其体态矫健英武，加之斑纹绚丽多彩，从而为人们所喜爱。在古代，豹尾被作为爵禄和荣誉的象征。《世说新语》注引《晋阳秋》说："明帝伐王敦，充率众就王舍，谓其妻曰：男儿不建豹尾，不复归矣。"俗信认为，豹为有韬略的猛兽。因此，后世称用兵之术为"豹韬"。世俗所谓"君子豹变"即与此有关，用以比喻君子风范。"君子豹变”作为吉祥图案，多见于画稿、文具、什器等。

狮。古称狮为百兽之王，与虎同尊。狮不为我国所产，因而在文献古籍记载中颇带有玄妙色彩。旧时，官府衙署及权贵豪门，门前多立石狮或铜狮，以象征威严势尊。因旧时“狮”字多写作“师”，且“狮”与“师”同音，故而居于三公之首的太师和三孤之首的少师，常被民间借喻用来祝福官运亨通、飞黄腾达，以致出现了形象为大小两只狮子的“太师少师”吉祥图案。以此为引申，又有“双狮戏绣”（图 22）、“狮子滚绣球”等吉祥图案及狮子舞、舞狮等民俗活动。此外，狮子还被作为驱祟辟邪的吉祥物，以致古陵墓中常见有狮形象的镇墓兽和石象生。普通人家门前的石狮，除表示富有和权势外，亦有镇宅之意。绍兴古桥两端的石狮，意在镇水防灾。卢沟桥上形态各异的石狮，或许亦有此意。

图 22　双狮戏绣

象。象形体魁梧，力气超群，但性情温顺，安详端庄，从而为人们所喜爱，并被作为富贵与地位的象征。古人认为，人君自养有节即能感应象的出现。相传，“舜葬于苍梧，象为之耕；禹葬于会稽，鸟为之田。”（王充：《论衡》）因此，俗信认为，象是太平盛世的一种瑞应物。《宋书·符瑞志》说：“象者，山之精也，王者德泽流洽四境则出。”有关象的吉祥图案主要有“吉祥”（为童子骑象形象）、“吉祥如意”（为持如意童子骑象形象）、“太平吉祥”（为象背驮花瓶形象）等（图23），用以表达人们祈盼太平盛世和吉祥如意的心愿。

图23　吉祥如意

鹿。鹿是一种常见动物，有着多种优点而被人们所器重。鹿作为吉祥物，所表达的观念有多种。以日常畋猎来比喻政治角逐，鹿被作为帝位的象征，成语“逐鹿中原”、“鹿死谁手”表达的即是这种意思。鹿有群处特点，人们以此喻宾朋相聚，以“鹿鸣”喻宴会宾朋之乐。据传，鹿为长寿的象征，有“鹿寿千岁，满五百岁则其色白”等说法。（葛洪：《抱朴子》）由此，鹿成为祝寿的借喻。在吉祥图案中，有以寿星与鹿为伴象征祝寿的形象。不过，民间表现吉祥观念最为流行的方式在于以“鹿”谐音“禄”、“路”，从而形成了“福禄双全”（为蝙蝠与鹿在一起的形象）、“路路顺利”（为两只鹿形象）等吉祥图案，以表达人们的吉祥观念。

猴。猴子机灵乖巧，惹人喜欢。作为吉祥物，猴子的形象可直接用于表达人们希望子女聪明机灵、智力过人的祝福，因而现在民间常见有猴形象的壁挂、泥塑、布玩具等。但在过去，猴被作为吉祥物，主要在于以“侯”谐音“猴”，象征侯爵，用来表达加官晋爵的心意，所形成的传统吉祥图案有“封侯挂印”（为猴子向枫树上挂印形象）、“马上封侯”（为猴子骑在马背之上形象）、“辈辈封侯”（为母猴背负小猴形象）等。

兔。兔性玲珑柔顺，自然为人所喜爱。在俗信观念中，有孕妇不能吃兔子肉的说法，认为这能导致所生后代豁唇。但更多的则在于兔能给人类带来好运，是一种吉祥物。《瑞应图》说："赤兔者瑞兽，王者盛德则至。"不过，民间最流行的有关兔的吉祥信仰是"蛇盘兔"，有俗语为："蛇盘兔，必定富。"俗信认为，蛇机灵，善于敛财；兔温顺，善于守财。蛇兔是开源节流，发家致富的极好配对，从而又被引申到男女婚配上。所以在男女八字是否相合时，有"白马犯青牛，鸡猴不到头"、"白马犯青牛，蛇兔好下了头"等说法。"蛇盘兔"吉祥图案被用于婚配及家业兴旺的意愿表达中，多见于剪纸、字画中。此外，沿海渔民以兔为出海平安、捕鱼丰收的吉祥物。

蟾蜍。在古代俗信中，被称为"蟾蜍"的癞蛤蟆有着很大的灵性，认为有辟兵、益寿的功能。蟾蜍中灵性最大者为3只足的蟾蜍，称为"金蟾"。旧俗认为，金蟾象征着财源兴旺，家道美好，从而有"刘海戏金蟾"的吉祥图案。(图24)

图 24　刘海戏金蟾

蝴蝶。蝴蝶不仅本身美丽异常，而且往往与鲜花联系在一起，占尽了春光，奉献给人类以无限美感。作为吉祥物，“蝶恋花”的形象被喻为夫妇和谐，被视作春回人间，被看为生活如画。蝴蝶简称为“蝶”。因“蝶”与“耋”谐音，耋本义是指 80 岁，泛指年高，从而导致了以蝶为祝愿长寿吉祥图案的产生，如“耄耋富贵”（为蝶和牡丹形象）、“寿居耄耋”（为菊、寿石和蝶形象）等。

鹤。民间崇尚丹顶鹤。这种鹤亦称作白鹤，仙鹤。鹤的叫声嘹亮，故有“鹤鸣九皋（gāo），声闻天下”的说法。古代认为，鹤仅成长定形就需1600年，所以被人们看作是“吉祥”、“长寿”的象征。在明清时期，一品文官官服的补子，图案就是一只仙鹤。因此，仙鹤又称作“一品鸟”，成了官居人臣之极的象征。在传统的吉祥图案中，仙鹤所表达的主要寓意是长寿。此类吉祥图案甚多，有仅以鹤为寿者，如团鹤、双鹤等；有与其他长寿动植物配合者，如“松鹤长春”、“鹤寿松龄”、“鹿鹤同春”等。(图25)

图25　鹿鹤同春

鸳鸯。鸳鸯又叫“匹鸟”、“文禽”等。雄鸟称“鸳”、雌鸟称“鸯”，雌雄形影不离，飞则同展翅，游则同戏水，栖则交颈而眠。如若其中一只遭遇不幸，另一只则终生不配。自古以来，人们就将它们作为夫妻和谐美好，忠贞不渝的象征，被广泛地应用于吉祥图案中（图 26）。这种以鸳鸯为题材的图案，至晚在西汉时期已盛行开来。此类图案应用于画稿、家具、什器、衣料、首饰、服饰、刺绣、雕刻、建筑等处。

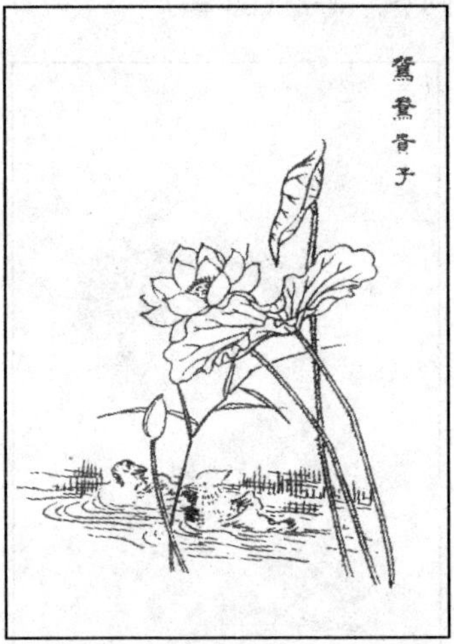

图 26　鸳鸯贵子

孔雀。孔雀向来便被视为珍禽异鸟。在民间传说中，孔雀是吉祥的，能够辟恶祛邪。孔雀作为吉祥之物，被用作官阶与权势的象征。明清时代，用于文官官服的补子。明代三品官用孔雀，清代二品和三品官都用孔雀。在清初，朝廷将孔雀花翎赏给贵族大臣，作为一种赐恩的标志。所以在传统的吉祥图案中，孔雀或花翎不仅是吉祥的象征，也是祈祝官运亨通、加官晋爵的吉祥物，是官位、权势的象征。民间以孔雀为吉祥物，主要在于以其华丽的仪态来表达贤贵德性，以其开屏来表达嘉庆之征。所流行吉祥图案主要为“孔雀开屏”，以表示好运常在的美好心愿。

火鸡。火鸟头部裸露珊瑚状皮瘤。雄鸟喉下有肉绶，能伸缩，时时变色，故称作“绶鸟”、“吐绶鸟”。以“绶”象征绶带，用以表达人们的愿望。绶带是一种带有颜色的丝带，在古代常用来表明公侯或官吏的身份和等级。因此，绶带也是富贵的象征物，绶鸟于是也具有了富贵的吉祥寓意。又因“绶”谐“寿”之音，谐音取意，它也就成为长寿的象征。以绶鸟为题材祝颂长寿的吉祥图案主要有“春光长寿”（为山茶花和绶鸟形象）、“齐眉祝寿”（为梅、竹和绶鸟形象）等。

鸽子。由于鸽子性恋故居，可被驯化用于传递书信，从而被古人称为“信鸽”、“传书鸽”、“飞奴”等。古代，鸽子在我国即已有饲养，但一直没有被视为吉祥物。鸽子作为吉祥物，源于《旧约·创世纪》所记载的一个传说：洪水泛滥之世，在方舟中的诺亚放出了一只鸽子，鸽子衔回了一片鲜绿的橄榄叶，诺亚才得以知道洪水已退。从此，西方人视鸽子和橄榄枝为和平的象征物。20 世纪 50 年代后，这种吉祥物在我国流行，表达了中国人热爱和平的美好愿望。作为吉祥图案，主要被用于绘画、建筑中。(图 27) 70 年代以来，北方民房建设中，开始广泛应用鸽形雕塑来替代传统脊兽。

图 27　齐白石老人所画和平鸽

燕子。燕子是一种典型的候鸟，春天北来，秋季南归，且其形象俊俏，翻飞轻盈，筑巢家舍，与人相处，甚为人们喜爱，自古即被视为灵物而成为一种吉祥物。有关燕子的传说极多，但无一不是表达人类对燕子的好感。俗信认为，燕子在谁家房屋中或屋檐下筑巢，即昭示着谁家贤惠友善、家道发达、家业兴旺、家人安康、团结和睦。作为吉祥物，燕子是春天的象征，昭示着事业发达，仕途有进。明清时，因进士科考在杏花开放季节举行，故“杏林春燕”吉祥图案成为进士及第、学业有成的象征。与鸳鸯一样，燕子飞则成双成对，栖则同巢同窝；共同筑巢，共同育雏；一起北来，一起南归；双双私语，对对欢歌。因此，人们以“燕侣”、“燕俦”比喻夫妻和谐，以“双燕闹春”等吉祥图案表示婚姻美满。

雄鸡。雄鸡为普通家禽，因易于驯化而成为人类最早家养的动物之一。[①] 因鸡能报晓而被人们认为有灵性。因此，《太平御览》引《春秋说解》：“鸡为积阳，南方之象，火阳精物炎上，故阳出鸡鸣，以类感也。”雄鸡的这种灵性使其成为

① 吴存浩：《中国农业史》，警官教育出版社 1996 年版，第 90 页。

一种极为重要的吉祥物。作为吉祥物，雄鸡所体现的主要吉祥观念一是驱凶辟邪，二是纳吉祈福。古代，除夕时以雄鸡画贴门上，“以和阴阳”。(《风俗通》）现在，春节时家家宰鸡，其中即有辟邪驱凶之意。雄鸡祈福吉祥图案，主要因“鸡”与“吉”音相谐，从而有“石上大吉”（为雄鸡立于石上形象)、“声声报吉”（为雄鸡长鸣形象）等多种。此外，由于雄鸡鸡冠高耸，“冠”与“官”谐音，又被引申为“升迁”、“腾达”等意，从而产生了“官上加官”（为雄鸡和鸡冠花形象)、“五子登科”（为 1 只雄鸡与 5 只雏鸡相戏形象）等祈祝仕途顺利、后代出息之类的吉祥图案。加之雄鸡威武秀丽，生性好斗，又被赋予了英勇品质寓意，从而产生了“英雄斗志”（为斗鸡形象）等吉祥图案。

百灵。百灵叫声嘹亮婉转，如歌似曲，深得人们偏爱而成为重要的家养鸟。作为吉祥图案，有“百灵闹春”（为多只百灵鸟与繁花、翠柳形象）以表达人们的喜悦之情，有“鹤灵同乐”（为鹤与百灵相戏形象）以渲染侍儿弄孙的天伦之乐。

雁。雁为候鸟，从而被人们赋予灵性而视为吉祥物。在俗信中，雁南飞北归为人类传递着季节变化的信息，从而被引申为“雁帛”、“雁书”等词语，有了“鸿雁传书”（为雁衔彩带形象）等吉祥图案，以表达分处两地亲人的互致平安祝愿。雁飞成行，排列有序，从而被人们认为雁为知礼灵物，以雁为贽作为旧时婚姻的吉祥物，以“雁阵图”作为吉祥图案以表达家庭长幼有序、和睦美满的心愿。

鹌鹑。鹌鹑虽是不起眼的小鸟，但因有“随地而安”（《花镜》）的特性，加之“鹌”与“安”谐音，从而被人们视为吉祥物。以鹌鹑为题材的流行吉祥图案，有“安居乐业”（为鹌鹑、菊花、枫树叶形象，“菊”谐音“居”，“叶”谐音“业”）。

鹭鸶。鹭鸶为水鸟，其特性为飞翔有序，因而旧时以其寓百官班次。作为吉祥物，因“鹭”与“路”谐音，故有“一路连科”（为鹭和莲花形象）、“一路荣华”（为鹭和牡丹形象）等吉祥图案。

比翼鸟。比翼鸟被古人认为有奇特属性：“南方有比翼鸟，不比不飞。”（《尔雅·释地》）。于是有人认为此鸟出现“则天下大水”，是凶兆；有人认为是吉兆，“王者德及高远，则比翼鸟至。”（《瑞应图》）民间将比翼鸟作为吉祥物，主要用于比喻夫妻和美，其意即如白居易《长恨歌》所言：“在天愿作比翼鸟，在地愿为连理枝”。以比翼鸟为题材的吉祥图案有“比翼双飞”（为2只飞翔的比翼鸟形象），或比喻婚姻美满，或比喻兄弟、亲友等事业同进。

鱼是水生动物中与人关系最为密切者，也是最为流行的吉祥物之一。鱼被视为吉祥物，大都因“鱼”与“余”谐音有关。而且，因“鲤”与“利”谐音，在大多数情况下，鲤鱼则成为各种鱼类的吉祥物代表。例如“年年有余”、“富贵有余”、“连年有余”等吉祥图案中的鱼大都为鲤鱼形象。平日中宴请宾客时，无论是在家设宴，还是在外定席，每桌菜都有一道用鱼做成的菜，俗信认为这象征着“吉庆有余”。过年之际，农家必做面鱼，年货中必有鲜鱼，其意也在年年有余。可见鱼作为吉祥物的重要。而且，因附会“鲤鱼跳龙门”的传说，从而产生了同样的成语和吉祥图案，以寓意对亲友仕进的祝福；因鱼产籽极多，便以鱼作为家族繁衍的乞子吉祥物；因金鱼既美丽又谐音“金玉”，便形成了“金玉满堂”的吉祥图案（为数条金鱼形象）。

此外，在传统的民俗观念中，还有蜜蜂、布谷、雉鸡、鹰、蝉、黄鹏等多种动物亦在不同的场合被作为吉祥物。在此，恕不赘述。

如此众多的动物类吉祥物，组成了动物类吉祥物方队的同时，也似乎在以无声的语言告诉人们：动物本来即是人类的亲密朋友，它给人类带来了吉祥和欢乐，难道在动物生存环境日益恶化的今天，人类不应该为它莺歌燕舞得更加美好而多尽点心血吗？

（二）植物类吉祥物：芬芳秀丽

唐代诗人张谓的《早梅》写得太耐人寻味了：

一树寒梅白玉条，迥临村路傍溪桥。

不知近水花先发，疑是经冬雪未销。

自古以来，以梅花入诗者不乏佳作，有人咏梅之风姿，有人颂梅之神韵，而张谓却偏偏着重写了梅的一个“早”字。这个“早”字，写出了寒梅似雪非雪，近水先发，独先天下而春的特征，也道出了物候学上始花的真谛。

如梅一样，几乎所有的植物都具有自身的物候学信息和特征。这些信息和特征在给人类以强烈震撼的同时，也使人们启动了联想和探索：为什么梅花傲雪怒放春天就到来了？梅花开放还能给人类带来什么好的运气？……如此广泛联想的结果，不仅把自我带进了“穷叫花子心里也有座金銮殿”的美梦之中，促使了吉祥物的产生，而且也有可能使吉祥物身上披挂了人类自身发烧时制作的“迷彩服”。

如同动物类吉祥物洋溢着人类自身吉祥观念和信仰的莺歌燕舞一样，植物类吉祥物也充实着人类吉祥观念和信仰的芬芳秀丽。

植物类吉祥物自身即具有种类繁多的特点，主要有牡丹、兰、吉祥草、万年青、水仙、菊、百合、山茶花、菖蒲、月季、芙蓉、莲、萱草、石榴、梅、桂、合欢、槐、松、柏、椿、红豆、梧桐、竹、枣、栗、桃、荔枝、桔、佛手、灵芝、枸杞、艾、葫芦、瓜等花草、树木、瓜果乃至菌类。其中，石榴、松、枸杞、牡丹等已于前述，恕不重复。在此，仅将所余植物类吉祥物予以简要叙述：

兰。兰是一种名贵花卉，花色品种众多。通常所说的兰，主要是指兰花、兰草。由于兰花叶姿优美，花朵清雅芳香，自古深受人们喜爱，一直被当作“辟不祥”、“通神明”的吉祥物。先秦时代，人们不仅佩戴兰草，而且还用它连缀服饰，编结卧具，制作润发油膏和沐浴香水。在宋代，每逢端午，民间仍盛行以兰沐浴的风俗，所以此节也称“沐兰节”。在民间，还将梦兰视作为女人怀孕生男的吉兆，把兰作为子孙的代称，常与桂联用，将子孙称作“兰桂”。以兰为题材的吉祥

图案很多，常见的有“兰桂齐芳”、“兰薰桂馥”等。(图 28)

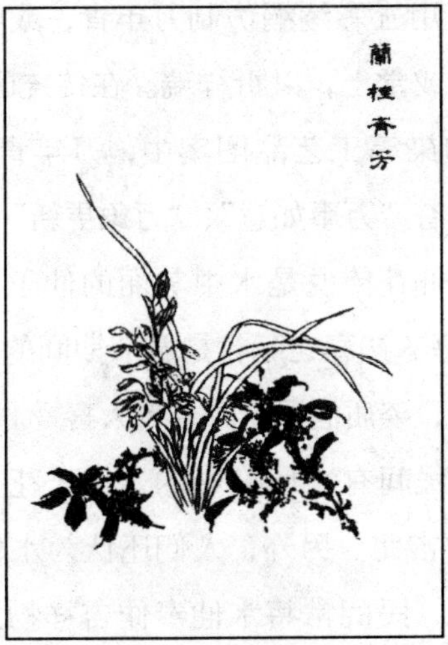

图 28　兰桂齐芳

吉祥草。吉祥草也叫“长寿草”、“瑞草”。其叶狭长青绿，四时不凋，夏日开花，小花呈紫色，花后结紫红色浆果。由于花不易开放，所以民间有花开呈祥的说法。因此，民间广为栽植，以祈喜事临门、福禄双至。此草易栽易养，得水即活，家庭盆栽者尤多，自古即有“清供第一”的美誉。

万年青。万年青叶片肥大，叶面深绿，四季常青。春日开花，花茎自叶丛中抽出，小花呈穗状排列，花后结果，通常呈红色，也有黄色。民间认为万年青是吉祥之物，每遇喜庆节日，人们便用五彩绫绢仿制万年青，或将盆栽的万年青搬出摆放到庭前或堂上，以祈祥瑞。在传统国画和民间年画、剪纸、编织、印染等工艺品图案中，万年青是常用的题材，流传较广的图案有“万事如意”、“万象更新”等。

水仙花。水仙花传说是水中美丽的仙子所化，故名“水仙”。花盛开于暮冬初春之际，是春节期间的清供妙品。花开之时，芳香淡雅，姿质洁丽，深受世人喜爱。至今，广东、福建、湖南等地，民间有水仙迎春的习俗。花开旺盛，认为是新年家业兴隆的吉兆。另外，人们还认为水仙有辟邪除秽的神奇力量。因此，民间常将水仙奉作吉祥物。在传统的吉祥图案中，水仙是经常出现的角色，常见图案有“群仙拱寿”、“岁朝清贡”等。

菊。菊是多年生草本植物，能耐贫瘠而可随处生长。尤其是菊花凌霜开放，故被人们视为高贵品质的象征。加之菊花可以入药，《本草纲目》即认为：“菊花久服利血气，轻身耐老延年。”菊花九月开放，九九重阳节正是登高赏菊之时。因而，菊花又被民间誉为“延寿客”，一直是历代文人骚客、术士道家、郎中药商所推崇的吉祥物。以其励志陶冶，菊的自然风采与传统理想士人的风度相吻合。以其祛病保健，菊的药用价值与现实人们追求益寿延年相一致。因此，菊作为一种益寿珍品而被纳入了吉祥物行列，常见的吉祥图案有“杞菊延年”等。

百合。百合是一种球根花卉，花姿绰约，色彩艳丽，香气袭人，甚为可观。其球根如蒜，可食用，具有较高的药用价值，是滋补上品。因此，百合的花与根都被用作吉祥物。以花为意，取其夏季开放之际，正值百花齐放，群芳争艳之时，故名“百合”。借其名“百合”中的“百”字，取意“百事”，从而与其他吉祥物一起组成了吉祥图案。以百合花与柿、灵芝为题材，构成“百事如意”吉祥图案。以百合根与柿子及大桔子为题材，组成“百事大吉”图案。以两个百合根与万年青为题材，组成“和合万年”吉祥图案。

山茶花。山茶花枝叶繁茂，终年长青，花朵硕大，色彩艳丽，属名花之列。在吉祥民俗观念中，以山茶花比喻春意浓浓。常见的吉祥图案为“春光长寿”，即是以山茶花与绶鸟搭配为题材，取山茶花春光之意，加绶鸟长寿之喻。

菖蒲。菖蒲有数种，最能体现吉祥民俗观念和信仰的为白菖蒲。白菖蒲具有较高的药用价值，中医药学认为，菖蒲可通人身各个经络，久服可以延年益寿。因此，菖蒲成为长寿的吉祥象征而经常参与吉祥图案的构图中。菖蒲中的石菖蒲置花盆中栽种，可数十年不枯，“可以适情，可以养性”(《群芳谱》)，是观赏价值很高的一类花草植物，从而被作为清供小品而带有了高雅、常青的象征。

月季。月季并非月月开花，而是四季开花不断。对此，明人张新的《月季花》一诗可谓说到了点子上：

一番花信一番新，
半属东风半属尘。
惟有此花开不厌，
一年四季长占春。

月季花的这种特点，使其成为一种重要的吉祥物。俗信认为，月季四季开花，昭示着人间四季平安，好运连年不断。因此，以月季为题材组成的吉祥图案所在多有，如“四季平安”（为花瓶中插月季花形象）（图29)、“天地长春”（为天竹、南瓜和月季花形象)、“长春白头”（为白头翁栖月季花枝上形象）等。

图 29　四季平安

芙蓉。芙蓉花八九月间开花，而且谢于秋菊之后，凌霜斗妍，分外引人注目，从而被视为欣欣向荣的象征。加之，“蓉”与“荣”谐音，“花”与“华”谐音，故而芙蓉花成为“荣华”的代名词，以其为题材构成的吉祥图案所表达的意思亦为荣华，如“荣华富贵”（为芙蓉花与牡丹花形象）、“一路荣华”（为鹭鸶与芙蓉花形象）、“荣华富贵到白头”（为芙蓉、牡丹、白头翁形象）等。

荷。荷为俗信观念中重要而流行的吉祥物之一。其作为吉祥物，既可以荷的不同部分为题材，又可以荷的整体为象征；既可源于荷的品质，又可根据荷的形象。莲花“出于污泥而不染”，从而被认为是“花中君子。”（《花镜》）以此特性为题材而形成的吉祥图案有“一品清廉”，用来比喻为官的清正；有“花中君子”，用来比喻人品的高尚等。在佛教界，莲花受到格外重视，被赋予了神圣的意义，因而莲花图案成为佛教的重要标志而出现在与佛教有关的多种器物及建筑上。在世俗民间，因莲花与莲蓬同时生长，故以莲花与莲蓬为题材组成吉祥图案，以表达“连生贵子”之意。因荷根“藕”谐音“偶”，用以比喻夫妇，以莲花、莲蓬和藕组成“因何得偶”吉祥图案，用以祝福新婚幸福。因莲花有一蒂两花的现象，从而形成了“并蒂同心”吉祥图案，用来比喻男女好合、夫妻美满。更有以荷的整体，包括藕、莲花、蓬子、荷叶等与花瓶、童子、鱼等为题材者，组成寓意较复杂的吉祥图案，用来表达多种吉祥观念。

萱草。萱草作为吉祥物，在于其别名为宜男。俗信认为，萱草有助于孕妇生育男孩。这种观念，在“不孝有三，无后为大”的传统社会里，萱草无疑成为那些希望生育个男孩的人们的救命稻草，因而被作为吉祥物看待则是必然的了。对此，《博物志》说：“妇女不孕，佩其花则生男。”萱草花被称为“黄花”、“金针”。此花之所以被古代人赋予这种灵性，恐怕与原始时代生殖崇拜有一定的关系。

梅。梅既有观赏价值，又有经济价值。梅在冬春之交开花，多为白色和淡红色。盛开时伴有袭人的清香。自古，梅有“物外佳人，群芳领袖”的赞誉。古今文人雅士植梅、赏梅、写梅、咏梅，留下了众多的传世佳作。民间将梅视为报春使者，将梅作为喜庆的象征物，广泛运用到年画、刺绣、纺织、雕塑等方面的吉祥图案中。以梅为题材的传统吉祥图案很多，常见的有“喜鹊闹梅”、“喜报春先”、“喜上眉梢”等等。

桂。桂久经栽培，品种较多，常见的有金桂、银桂和四季桂等。桂花在秋季开放，花朵细小，香气浓郁。自古人们将桂花盛开，看作祥瑞之兆。古时，科举高中被称作“月中折桂”；子孙仕途昌达，尊荣显贵，被称作“兰桂齐芳”、“兰桂腾芳”。由于“桂”谐“贵”，“桂子”谐“贵子”之音，人们将桂和桂子作吉祥物，运用于民间喜庆活动和吉祥图案中。以桂花为主题构出的图案有“攀桂图”、“福增贵子”、“连生贵子”等等。

合欢。合欢所具有的明显自然属性是羽状复叶，夜间闭合。复叶暮合晨舒的特征，引起古人的关注和联想，取其作为象征婚姻美满的吉祥物。许多与婚姻相关的事物都被冠用“合欢”一词，如合欢杯、合欢酒、合欢诗、合欢被、合欢结等。合欢树，亦称“蠲（juān）忿”，古人认为此树可以免除忧忿，所以常以合欢花枝赠人，使人欢乐息怒。因此，此树又叫“忘忧”、“宜身”。人们视它为养生修性的吉祥物，习惯种植在庭院园池间。

槐。槐是民间宅院内外种植最普遍的一种树。在民俗信仰中，槐树也是非凡的吉祥物。旧时，小儿每有不适，老人们就祈祝于老槐树下。甚至久婚不孕的女人，有的也祈子于庙前的老槐树下。在古代，槐籽更是道家和医家一致推崇的延年益寿之物。至今，民间俗语仍说：“门前一棵槐，不是招宝，就是进财。”

柏。柏与松并称，同为百木中的佼佼者。民俗观念认为，柏有驱凶辟邪的功效。因此，民间有清明节插柏枝辟邪祈祥的习俗。在吉祥图案中，松与柏一起构成了“松柏齐寿”形象，以表达延年益寿的主题。因“柏”与“百”谐音，以柏与如意为题材，构成“百事如意”图案；以柏与橘子为素材，则构成了“百事大吉”图案。杭州民间，过去曾有“柏枝、柿

饼以大桔承之，谓之百事大吉”习俗。(《西湖游览志余》)

椿。在过去，椿被认为是长寿之木，故民间有以“椿年”、“椿龄”为祝寿之词。因椿有长寿特征，故有以“椿”比喻严父的习俗，与以“萱”比喻为慈母相对。“椿庭”为父亲代称，“萱堂”为母亲代称。因椿树为速生木材，民间俗称为“树王”，故而鲁西南有除夕夜儿童摸椿树祈求长高的习俗。在河南汝阳一带，盼望长高的孩童于大年初一清早双手抱着椿树，口里还要念诵一套不知流传了多少代的俗话：“椿树椿树你为王，你长粗来我长长。”

红豆。红豆为红豆树的果实。红豆树又名相思树，所产籽又称“相思子”。因此，红豆被作为爱情与相思的象征物。作为吉祥物，用以表达倾慕和思恋心情，从而形成了南方以红豆镶嵌的戒指作为定情信物的习俗，出现了以红豆为题材的“南国相思”吉祥图案，所表达的是对情人的祝愿。

梧桐。梧桐被古人赋予众多灵性，认为梧桐之灵在于兆天下太平，在于知时。梧桐兆天下太平未必然，“知时”则有可能。因为，梧桐的始萌、始花、始落叶等，都是重要的物候事象，能明确地表示季节的变化，因而有“梧桐一叶落，天下尽知秋”的说法。(《花镜》)梧桐的这些灵性显然为其吉祥观念的引申和延长打下了基础，从而出现了“栽下梧桐树，引来金凤凰”的俗语，产生了“各得其所”（为梧桐与凤凰形象）吉祥图案。因“桐”与“同”音同，产生了“同喜同喜”吉祥图案（为梧桐与喜鹊形象）。

竹。竹有其特殊的自然美。它亭亭玉立，清秀素洁，节有骨气，四季常青。竹所具有的这种自然属性对于人格的修养提供了重要的借鉴，因而人们以竹的高风亮节为主题构成了一系列吉祥图案，以宣泄自己对于美好气节的追求心情。这类图案有“岁寒三友”（为松竹梅形象）、“五清图”（为松、竹、梅加月、水形象）和“五瑞图”（为松、竹、萱、兰、寿石等形象）等。（图 30）此外，竹与梅相连，以比喻夫妻关系，从而产生了“竹梅双喜”（为竹、梅和两只喜鹊形象）吉祥图案，以表达祝福婚姻和谐的心愿；出现了“青梅竹马”成语，以表达男女之间两小无猜，纯真无邪的感情。因“竹”与“祝”谐音，遂有以竹为祝愿、祝福的吉祥图案，如“华封三祝”即以竹和两只小鸟或两种花草为题材，以表达祝福之意。

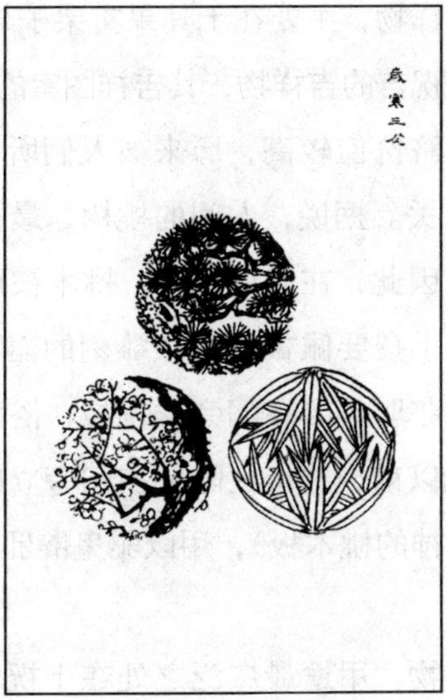

图 30　岁寒三友

枣。枣因其木质坚实耐用、果实富有营养而著称。在民俗观念中，枣木有避邪功能，故河北地区有以枣木为窗之俗。俗语说："枣木窗，枣木窗，邪魔鬼祟见了慌。一家老少无风险，无病无灾无遭殃。"不过，以枣为吉祥物，主要取其"枣"与"早"谐音之意。

栗。栗也因其木质和果实特色而被视为吉祥物。栗树木质坚硬，过去常以此为雕刻材料，神主牌位即以栗木做成。

而民间以栗为吉祥物，主要在于其果实栗子与“立子”谐音，从而被用作祈子祝吉的吉祥物，其吉祥图案的意题也在于此。

桃。桃的经济价值较高，历来被人们所重视。桃被用作吉祥物和传说有关。据说，人间的桃树，最初由巨神夸父的手杖变化而成。因此，在俗信之中，桃木被赋予了镇鬼辟邪的灵性。过去，小孩要佩戴用桃核雕刻的器物，俗信认为可以辟邪；五月端午时，要在门旁插桃枝，俗信认为可保家庭平安康泰。宋代以前，过年之际要在门旁立桃符（桃符为画有神荼、郁垒二神的桃木板），用以驱鬼辟邪。后来，桃符才由春联所替代。

桃作为吉祥物，用途最广泛之处在于祝愿长寿。这种吉祥观念的来源，似乎也与传说有关。传说，西王母蟠桃园里有种仙桃，三千年一开花，三千年一结果，吃一个桃子，可增寿六百年。正是出于这个典故，人们才将桃视作祝寿吉祥物，广泛地应用于民间祝寿活动或民间工艺美术之中，常见吉祥图案有“五福捧寿”、“福寿三多”、“福寿如意”、“蟠桃献寿”等。

荔枝。荔枝为我国岭南地区的珍果，营养价值极高。脍炙人口的杜牧诗句“一骑红尘妃子笑，无人知是荔枝来”，以及苏轼诗句“日啖荔枝三百颗，不辞长作岭南人”，更增加了荔枝的身价。因此，其果、其树皆被视为吉祥物。而其树其果在吉祥图案中的表意，主要因“荔枝”谐音“利子”、“立子”，从而单绘荔枝表示求子和子孙发达，与枣同绘表示“早立子”之意。

桔。桔为江淮以南的重要水果。作为吉祥物，桔主要因“桔”与“吉”音相近，以桔喻吉，遂使桔成为具有嘉庆之征的灵物。桔有多种，民间俗信认为，金桔兆发财，四季桔祝四季平安，朱砂桔挂于床前表意“吉星拱高”。以桔为题材构成的吉祥图案，其寓意皆为“大吉”，如“事事大吉”（为柿与桔形象）、“百事大吉”（为百合根或柏树、柿子与桔子的形象）等。

佛手。佛手为状如人手的一种果实，因其原产地印度为佛教发源地，故称“佛手”。因“佛”与“福”谐音，实用价值并不太高的佛手便成了重要的吉祥物。常见的以佛手为题材而形成的吉祥图案主要有“华封之祝”（为佛手、桃和石榴形象）、“福寿如意”（为佛手、如意形象）。(图 31)

图 31　三多九如

灵芝。灵芝为多年生草本隐花植物。因其较为罕见而被方术之家吹得天花乱坠，被赋予了长生不老、起死回生等神奇功效，导致了灵芝既被视为政通人和、国泰民安的吉祥物，又被视为祝福健康长寿、青颜永驻的吉祥物。

艾。艾虽为一种极普通的植物，但因有较高的药用价值而被视为有灵性的吉祥物。作为吉祥物，艾的寓意主要在于辟邪祈祥。五月端午节，或采艾枝插于门旁，或以艾叶插于发际，以辟邪气，求平安。有的地区则以艾叶装入香袋，佩戴身上。俗信认为，这有保证身体健康、祛病消灾的功效。

葫芦。葫芦是人类最早普遍利用的藤本植物。葫芦之所以在我国被作为吉祥物，其因有四点：一是因为葫芦起源极早，与人类关系密切，从而被赋予了消灾辟邪功能；（图 32）二是

图 32　民间剪纸“消灾葫芦”

因为葫芦藤蔓蔓延，葱茏茂盛，从而被寓意为家业兴旺，源远流长；三是因为“蔓”与“万”谐音，且蔓上结葫芦大小不一，从而寓意“万代延绵”；四是因为葫芦结籽众多，从而寓意为子孙繁衍。其吉祥图案有“子孙万代”等。

瓜。瓜为极普遍的蔓生植物，因其藤蔓绵长，实多籽多，从而被作为吉祥物以象征家族世代绵长，子孙兴旺。《诗经·大雅·绵》开口即说“绵绵瓜瓞”，以瓜瓞的世代相承来比喻周族先民的代代相传。从此，即开了以瓜来比喻子孙兴旺的先河。在民间，以瓜为题材的吉祥图案有“瓜瓞绵绵”，（图33）有以南瓜与天竹配合而成的“天长地久”，有以南瓜、天竹与长春花配合而形成的“天地长春”等。

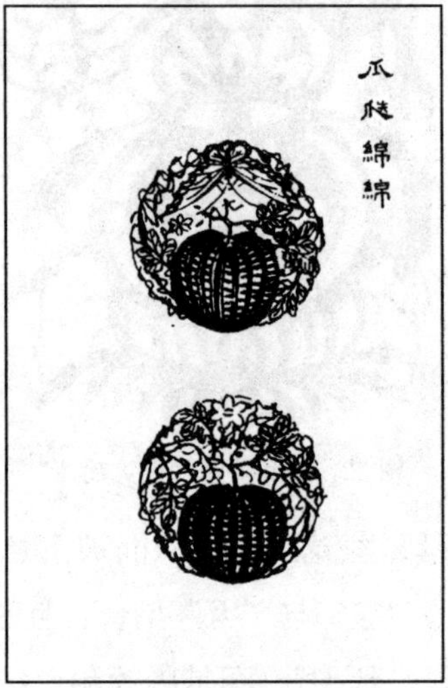

图 33　瓜瓞绵绵

此外，在各地民间，被作为吉祥物的还有泽兰、香水木樨、薰草、香蒲、姜、葱、芫荽、茴香、花椒、韭、海棠、杏、龙眼、银杏、柿、榆等等。

如此等等所在多有的植物类吉祥物，无论是被用作祛除不祥，还是被用于祈求吉祥，也都无不在用无声的语言向世人宣告：作为自然物，它们本来奉献着芬芳秀丽；作为吉祥物，人类打扮了它们，希冀它们奉献出更多的芬芳秀丽；只是，这人为的芬芳秀丽和自然的芬芳秀丽之间，却有着那么多的相同和不同之处。难道，在现代科学日益发达，人类更加文明的岁月，吉祥物的芬芳秀丽还有存在的必要吗？

（三）人为类吉祥物：苦涩吉祥

如果说，动植物吉祥物还有着众多的自然属性可与人类的吉祥观念实现纯真的互通之处，那么，人为类吉祥物则纯粹是人类自己吉祥观念的物化，已经完全丧失了动植物自然属性的纯真和可爱，所剩下的则仅有“强作的笑脸”、“苦涩的吉祥”了。

所谓人为类吉祥物，是指在吉祥观念和信仰支配下，通过人类自己的手而制作出来的吉祥物。这类吉祥物的出现，是人类或借助于原有人工制造物所体现的观念和信仰，或以人类早已形成的观念和信仰为依据，经过观念和信仰的再升华、再拔高之后而生成新的带有吉祥色彩的观念和信仰，之后，便运用附会和逻辑思维等方式，强行实现了吉祥观念和信仰的物化，从而形成了吉祥物家园中的又一族。

人为类吉祥物同样所在多有。借助于人类原有的制造物而升华为吉祥物者，既有古代文物，也有现代生活日用品，还有文字等；以吉祥观念物化后而形成的吉祥物，有各种神人，也有各种符图。其中，较为流行的有绣球、玉佩、如意、古钱、元宝、瓶、镜、戟、寿石、财神、福神、寿星、喜神、灶神、门神、天官、西王母、麻姑、八仙、和合二圣、钟馗、飞天、囍、寿、卍、祥云纹、回纹、宝相花、八卦图、太极图等。在这些吉祥物中，古钱、戟、寿星、喜神、灶门、门神、麻姑、钟馗、囍、寿、卍、宝相花、八卦图、太极图等已于前述。在此，仅对所余作一简要介绍：

绣球。绣球是民间刺绣的重要工艺品。俗信认为，绣球是姑娘刺绣的心爱之物，代表着姑娘的一颗心。因此，绣球成为婚嫁中表示爱情和婚姻美满的吉祥物。此外，在吉祥图案和民间娱乐活动中，都有狮子滚绣球的形象。据说，这种形象源于雌雄狮子相戏谑，它们的毛缠在了一起，滚而成球，小狮子即从球中生出来了。无论是将绣球象征着爱情，还是绣球被比喻为生育，绣球的吉祥含义都与婚恋有关。因此，绣球多被用于婚姻祝福之中。加之绣球纹本身所具有的对称性、圆满性特征很符合中国人的审美观，从而导致了这种纹饰被大量应用于衣料、家具和建筑的艺术造型中。

玉佩。玉是自然界存在的珍贵石料。在古代，玉制成品曾被作为国家的象征和人们身份地位的标志，从而使璧与琮成为古代祭祀用的礼器和诸侯会盟时的用品，使玉钺成为贵族权力的标志，使佩玉成为一种时尚和风俗。这样，玉便成为后世重要的吉祥物。在吉祥图案中，有“绳索拱璧”（为绳索联系玉璧形象）、“夔龙拱璧”等。（图 34）

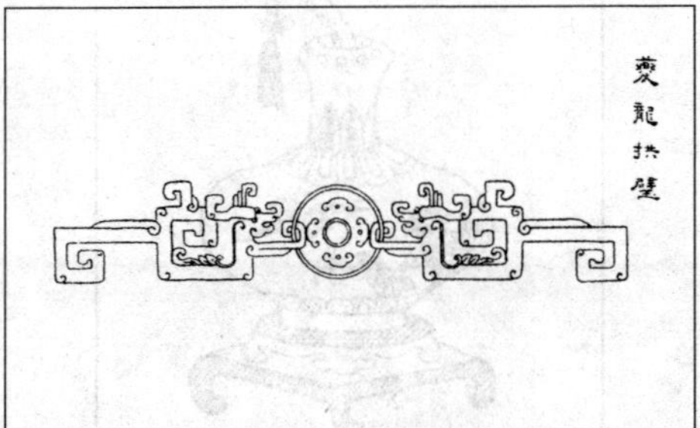

图 34　夔龙拱璧

如意。关于如意的起源，众说不一。有的认为源于朝臣和军旅器用，有的认为源于佛具，更多的人则认为源于古代的爪杖，即当今所说的“痒痒挠”。晚期的如意与古时的爪杖形制相近，“当是其遗制”。[①] 如意因其名称吉祥而成为极为重要的吉祥物。明清时代，凡是权贵之家皆以其为珍物，多用于作为贺婚、祝寿的礼物，其质地为金、玉、珊瑚、木犀、水犀不等。清王朝紫金城各嫔妃所住房里，陈列品最为普遍的即是如意。慈禧所居宫中，曾陈列过镶嵌象牙及各种宝石的

图 35　平安如意

① 乔继堂：《中国吉祥物》，天津人民出版社 1990 年版，第 234 页。

如意多件。孔府祖传的两件像写字台大小的如意，被认为是无价之宝。孔子第77代孙女孔德懋出嫁时，嫁妆中的头一抬就是大楷木如意。以如意为题材的吉祥图案有“事事如意”（为两个柿子或狮子和如意形象）、“平安如意”（为瓶中插如意形象）、“和合如意”（为盒子、荷花同如意形象）、“吉祥如意”（为童子或仕女持如意形象）等。（图35）

元宝。元宝是古代银锭的习惯性称法。因称为银锭，“锭”与“定”谐音，故以笔、银锭、如意或灵芝等物组合，取意为“必定如意”，以图吉祥。因元宝的“元”字与“三元”的“元”同字，故多以3个元宝寓意“连中三元”。

瓶。瓶为日常用品，因其名字与“平”谐音，故在吉祥图案中寓意平安而被广泛使用。又因佛家视宝瓶为八吉祥之一，加以观音那能普救众生的甘露瓶的神圣，自然使瓶为“平安”的民俗信念大为流行。以瓶为题材的吉祥图案主要有“平安如意”、“平升三级”、“玉堂和平”（为花瓶中插玉兰花和海棠花形象）、“岁岁平安”（为花瓶与数个爆竹形象）等。

镜。镜也为日常用品。作为吉祥物，主要源于镜能照出妖形的俗信。此种观念经道家大力提倡和鼓吹后，遂形成“照妖镜”等词语。因此，镜被视为镇邪驱妖的吉祥物。东北地区建房时多在房脊嵌镜即为此意。婚嫁之际，新娘或怀揣铜镜，或在斗中置铜镜，或将铜镜置于洞房中，寓意也在驱邪辟祟，保佑新人平安幸福。

寿石。寿石实际为石头的雅称，因石的寿命无限而得名。寿石之名的出现，既与中国民间自古即有爱石习惯有关，又与我国古典园林重视山水模拟有关，还与人们有着浓厚的延年益寿观念有关。作为吉祥物，寿石主要出现在吉祥图案中。这类吉祥图案，有“五瑞图”（为寿石、松、竹、萱、兰形象）、“长命富贵”（为寿石、牡丹、桃花形象）、“寿居耄耋”、“代代仙寿”（为绶鸟、寿石、水仙形象）、“必得其寿”（为玉兰、寿石形象）等。

财神。虽然我国各地民间都在祭祀财神，但所祭财神并不统一。有祭赵公明者，有祭利市仙官者，有祭五路神者，有祭五显神者，有祭文武财神者，有“浑称曰财神，不究伊谁”而祭者。（《集说诠真》）如此纷纭复杂，从另一个侧面反映了人们求财心切的心理。财神形象多见于年画，一般为跨虎执杖、铁冠长髯面貌。俗信认为，财神“主除瘟剪疟，保病禳灾，主持公道，求财如意。凡讼冤申抑，使之解释公平；买卖求财，使之宜利。”（《三教源流搜神大全》）

福神。福神如同财神一样，各地亦有不同的祭祀对象。有的以道教大神之一真武大帝为祭，有的以汉武帝时人刺史杨成为祭，大多数人则视天官为福神。甚至，有的以福神即为福星，与禄寿两星合为一体，组成了三仙或三星。在三星之中，福星居中，其形象仍为天官；右为禄星，为员外郎装扮；左则为老人形象的寿星了。因禄星为员外郎打扮，有的地方认为，员外即财主，有财即有福，因而这也是福神。可见，福神的来源也乱成了一团麻。这种现象，大概与福神的“福”字所指主要内容有关。

天官。天官的来源也模糊不清，众说纷纭：一说天官为附会《周礼》中“百官之长”的天官，神化而成为后世的天官；一说来自道教中所称“三官”（三官指天官、地官、水官）。关于“三官”的来源，又有多种：有的认为三官来源于金、水、土三气；（《蠡海集》）有的认为三官为元始天尊口中吐出，降在人间而成为尧、舜、禹，后此三人被封为三官大帝；（《历代神仙通鉴》）民间流传最广的，则认为三官源于传说，是陈子梼（táo）与龙女所生的。（《三教源流搜神大全》）三官尚且如此杂乱，由三官而来的天官即更加混乱不堪了。只是，作为吉祥物，天官在民间的形象还是较为一致的，其为身着红袍的官员形象，手中所持为书有“天官赐福”或“受天福禄”等字的一轴诰命，用以表示天官能给人间带来福音的吉祥观念。

西王母。西王母虽是民间信仰中的女仙领班，但关于其来历却众说纷纭。一说西王母来自于西北祁连山一带，是半人半兽形象的神人（《山海经·大荒西经》）；一说西王母为早期的泰山女神；① 一说为天山的仙人（《穆天子传》）。这些说法，导致了西王母的形象也由半人半兽而逐渐变为容貌艳美的神人。因此，在民俗观念中，王母娘娘一是主持人间种族繁衍的女神，二是长生不老的象征。为此，求子者则要向王母娘娘奉献香火，求寿者则以王母娘娘蟠桃集庆为题材描绘吉祥图案。这类吉祥图案主要有“群仙拱寿”、“瑶池集庆”等。

八仙。八仙为民间传说中的 8 位道教仙人。八仙来源，多出于唐宋期间的传奇小说，少数见于明代历史文献。八仙之说始于明代，但在初起之际八仙所指并不固定。到明人吴泰《八仙出处东游记》问世后，“八仙过海，各显神通”的故事

① 吕继祥：《泰山娘娘信仰》，学苑出版社 1994 年版，第 16—19 页。

使八仙之说大行，八仙也因此故事而被纳入吉祥图案的创作素材之中。作为吉祥图案，八仙所表达的主要寓意为祝福长寿，所见流行图案有“八仙仰寿”（为八仙仰望寿星形象）、“八仙祝寿”（为八仙举杯向西王母祝寿形象）、“群仙拱寿”（为众多水仙拱围寿石形象）等。因八仙之“能”主要在于各自所拥有宝物的灵性，故八仙所持葫芦、扇子、玉板、荷花、宝剑、箫管、花篮、鱼鼓等“八”种物件又被称为“暗八仙”。由此为素材而形成的“八仙”吉祥图案，寓意亦在于祝寿。(图 36)

图 36　暗八仙

和合二圣。和合二圣亦称“和合二仙”，是过去民间所奉的和合、欢喜神人。和合二圣的来源有两说：一说源于唐代

图 37　和合二圣

能在当日行万里而归的僧人万回；（《太平广记·异僧部》引《西京记》）一说源于清代所封唐天台僧寒山为“和圣”、拾得为“合圣”。传说，寒山、拾得之所以出家为僧，在于两人亲如兄弟，虽相互之间无话不谈，但同爱一女子而互不知晓。临婚之际，两人方才明了，拾得出家为僧，折枝荷花前往寒山处祝贺，路遇手捧饭盒前来祝贺的寒山，二人相顾大喜，遂同为僧。因此，和合二圣被作为民间掌管婚姻的喜神，以泥塑和吉祥图案用来表达祝愿新婚和谐，幸福美满。(图37)

飞天。飞天因其飞行于天空而得名，原为佛教神灵，梵语意译为“香音神”。因其飞行于天空，手持乐器，蹁跹起舞，故又被民间称为“乐福”、“天乐神”、“音乐天”等。北魏时，飞天有女性，也有男性。至盛唐，飞天皆为少女形象。飞天所表现的飘逸、清秀、潇洒、优美风采，本身即具有无限的美感和吉祥，从而使其成为重要的艺术题材而被广泛地运用于绘画、雕刻、纺织、刺绣、建筑及舞蹈中，成为一种人们所喜闻乐见的艺术题材。以飞天为素材而形成的吉祥图案，有“天女散花”、“天女捧福”、“喜从天降”等。

祥云纹。祥云纹是根据云的吉祥与否而逐渐发展形成的一种纹饰。同时，云的本身即代表着天。在古代，“天”是我国最为重视和流行的一种观念和信仰。在民间普遍观念中，天似乎是一种有灵性的自然力量，甚至被认为是冥冥之中的人类主宰。因此，天子应天命实行统治被称为“奉天承运”，人们顺天命而处世也叫作“乐天知命”。与人事相对应，天可以降临种种征兆来影响人事，故而人们在希望老天保佑的同时，也以祥云纹来作为天的象征以表达自己的吉祥观念和信仰。自商代起，即将云雷纹作为青铜器的主要纹饰，至今祥云纹仍被广泛应用于纺织、建筑、绘画等众多方面。作为吉祥图案，有“平步青云”（为刺绣祥云纹的鞋形象）、“青云得路”（为童子放风筝高入云端形象）、“慈善祥云”（为祥云围绕莲花、慈姑叶形象）等。

回纹。回纹因纹饰延绵不断，回环圆满，形似“回”字而得名。这种纹饰很符合吉祥观念中的富贵不断头、子孙代代续的意思，从而成为明清以来的重要纹饰而被广泛地运用于织绣、木雕、建筑和瓷器中。回纹被用于吉祥图案，式样主要有两种，一是一反一正相连接的带状纹，二是四方形连续组合的“回回纹”。

如此等等人为类吉祥物，在人们的现实生活中尚所在多有，在此恕不赘述。

这类吉祥物的出现，壮大了吉祥物阵营的同时，也将更多的苦涩带给了人类自己。试想，财神虽然年年接，天官虽然时时供，但是，财神既没有给世代劳作的平头百姓带来财运亨通，天官也没有给受苦受难的黔首布衣送来百福呈祥。然而，憨厚而勤劳的中国农民还是一代又一代把那希冀“金玉满堂”、“辈辈封侯”之类的吉祥图案往那土墙上贴，往那堂屋里挂。这是虔诚，是吉祥，还是苦涩，是自嘲？

四 人啊，伴着吉祥走一生

一位作家曾经说过，人生的路是漫长的，但关键的就那么几步。

如果，以民俗学的观点予以区划和界定，漫长的人生之路可由诞生、成长、婚嫁、创业、长寿和逝世等几步组成。其中，诞生和成长、婚嫁、长寿和逝世体现的是人对于生命的重视，而创业反映的则是人们对于生命价值实现的重视。因此，说到家，漫长人生之路实际是由生命的再生产和物质资料的再生产两大重要内容组成的交响曲。

漫漫人生路，关键的就那么几步，而那几步则是被吉祥物花环打扮了个够的几步。在民间，在平头百姓心目中，顺手摸来即吉祥。但这广泛存在的吉祥物，为的也就是人生之路上的那么几步。与前述多为入画吉祥物不同的那些民间实有性吉祥物，陪伴着人生走一路，打扮了人生的同时，更能让我们清晰地看到吉祥物的多样性和广泛性等特色。

（一）伴你生，伴他长，伴我唱着童年歌

大千世界，芸芸众生，人口之多，几乎使地球难以负荷。人口虽多，但无外乎只有三个人，这就是你、他、我。无论是我，还是你和他，在来到这个世界的过程中，都曾接受过吉祥的祝福；在童年的成长岁月里，都曾经历过吉祥的洗礼。一曲美好的童年之歌，唱出了生和育的种族繁衍大道理。这些令人眼花缭乱的吉祥祝福物化之后，便组成了一系列五彩缤纷的祈子、添喜和保育吉祥物。

祈子吉祥物是一个人被孕育前世界所赐予的提前祝福。祈子吉祥物极多，方式也多样，除我们在前文所提到的外，民间常见的还有以下几种：

(1) 红带子、泥娃娃、石头蛋和瓦砾等

求子，也叫“拴喜”。为什么叫拴喜？因为要到娘娘庙里去用红丝线拴回个泥娃娃来。于是，泥娃娃便成了吉祥物。但也有将红丝绳视为求子吉祥物的。过去，泰山庙会上即盛行求子妇女进香后买条红带子扎在腿上的习俗。这里，“带

子”寓意带孩子回去。因此，未婚女子是绝对扎不得的。否则，会被人笑为“傻”。

已婚不育女子去庙中烧香求子，当然要施舍些钱财，才能从神前抱个自己喜爱的泥娃娃。而且，日后如愿得子，还要买几个泥娃娃送回庙中，要给所祈之神披红，要向庙中施舍钱财，此谓之“还愿”。由此看来，送子娘娘真会做生意，来回都要掏空顾客的口袋。

更有趣者，为拴喜的方便，还有服务上门的。过去，北京地区即有这样的道士。他们身背一块木牌，上画神像，两侧挂有小儿辟邪的长命锁和瓷娃娃，一边沿街化缘，一边操槌击钹。求子心切的老太太听到钹声，施舍些钱财，即能在道士的吉言声中得到一个瓷娃娃。如此化缘做生意两不误，亦可谓生财有道。

更有甚者，到一些小的尼姑庵（或道庵）中祈子，香客送上施舍，尼姑（或道姑）并没有泥娃娃相赠，只是顺手摸来块石头用红线拴好，顺口起个乳名。于是，求子妇女接过石头，揣在怀里，边往家走，边呼唤着这个乳名，认为这样可得贵子。一块平凡的石头，经尼姑（或道姑）如此点化，成了吉祥物的同时，也表明廉价的宗教挣取的是信徒的钱财和那颗血红的心。

于是，便盛行着看来更为原始的祈子风俗。在民间，即存在着于特定时分由特定的人在特定的仪式上检取那随处可见的碎石烂瓦，并将其视为祈子的吉祥物。

在我国北方民间所盛行的一种更为原始的祈子风俗中，有着更令人难以置信的祈子吉祥物。这些祈子吉祥物实际即是农村大街上到处存在的碎石烂瓦。为求得子孙后代，盼孙心切的婆婆于除夕之夜到大街上，一边自言自语地祈祷着，一边蹲在街中心摸，若摸到的第一件东西是石子，则昭示着儿媳生男娃，若是瓦片，则昭示着生姑娘。如此碎石烂瓦也成为吉祥物，给农家带来的除一丝传宗接代的喜悦外，则是原始民俗的压抑。

这种以石子为祈子吉祥物的现象，在泰山旅游区随处可见。直至今天，来泰山旅游的人们，还大都拣块小石头放到树枝上。俗信认为这样即可祈子遂愿了。殊不知，如此做的结果却把泰山上的小树压弯了腰，既有碍于观光，又有碍于环境保护，真让人感到是种遗憾。

(2) 花灯和瓜果

花灯，又称“彩灯”，是我国元宵节期间的传统吉祥物。

至今，人们还以此作为祈年、求取家业兴旺、祝福祝寿的象征。因“灯”字谐音“丁”，故在一些地区将花灯作为一种祈子吉祥物。过去，在南京、陕西、闽南等地，存在着元宵节前夕娘家为新嫁女儿送花灯的习俗。所送花灯必有一对寓意祈子的，如“麒麟送子灯”、“莲花灯”、“观音送子灯”等。在川东地区，元宵节期间，亲友要把悬挂的花灯取下，敲锣打鼓送往久婚不孕的新妇家。江苏兴邑一带，元宵节期间，人们习惯将制作的孩儿灯送给祈嗣亲友，以祝愿添丁进口。皖南山区则在灯节过后将花灯送给新婚不久的人家，谓之“添丁”。

瓜果同样也被作为祈子的吉祥物。在我国许多地方过去曾流行仲秋偷瓜求子习俗，有的称此为“摸秋”，有的称为“偷月亮菜”。在河南、湖南、湖北等地，中秋节之际以南瓜赠送祈子亲友家，祝愿其来年得子。《中华全国风俗志》记载，芜湖一带还在清明或古历三月三的那天为缺嗣人家煮一只大南瓜，由夫妻同座共食，以祈生儿育女。

(3) 宜男和喜花、年画

宜男，即萱草。古人认为，在庭院中种植萱草，可以使人忘却忧愁。周处的《风土记》说，新婚之后若经常佩戴萱草可早日怀孕，怀孕后若仍然佩戴萱草必定生男孩。实际上，萱草仅是一种极为普通的花草，其花即是人们平日食用的黄花菜。萱草之所以在古人心目中有如此大的功能，恐怕与萱草本身的性状及其在古代曾被作为扶乩用物质有一定的关系。(图 38)

图 38　宜男多子

不过，萱草翠绿，其花金黄，因而作为女性的饰物自然有其独到之处。爱美是女性的天赋，生育后代是女性的伟大。

因此，以各种鲜花来装扮自己，必然成为一种风俗。这样，以某些花草作为女性饰物以祈子的习俗便产生了。如过去曾认为，取雄黄一两，以香囊盛之，佩戴在身上可以驱邪怀子，怀子之后可使胎儿生长健壮，而且能将女胎变成男胎，保证生育男娃。显然，这一风俗的根据也极缺乏科学性。不过，女性佩戴一些鲜花和香料，自然能将自己打扮得更加美丽，精神也更爽朗，有益于健康和生育。大概正是因为如此，宜男至今仍是祈子吉祥图案的重要组成材料。

与萱草相比，喜花则更能直接宣泄人们的祈子愿望。喜花，又称“剪纸”，是民间装饰家庭，烘托喜庆气氛的一种重要手工艺术品。喜花大都为吉祥图案，其中一个重要内容便是表达剪纸人的祈子愿望。如“连生贵子”、“麒麟送子”、“榴开百子”、“子孙万代”等。陕西剪纸“鱼戏莲”是很著名的祈子喜花，以当地剪纸艺人的解释便是：“这鱼好比是男的，这莲好比是女的。这鱼逗哩逗哩，就与莲逗在一起了。”

年画同样有着表达寓意直接简明的特点。年画的重要内容之一即在于表达家业兴旺，种族繁衍。因此，画家鲁鸿恩说：“年画的重要之处，也是其优点之处，在于动辄歌颂大姑娘，胖小子，满足人们多子多福多家业的传统口味。”这样，在一些曾是盛产年画的地区，便形成了亲朋送年画以祝愿早得贵子的习俗。例如，山东潍坊杨家埠一带，过春节时，亲朋要送一幅胖娃娃年画给久婚不育的夫妻，以祝愿他们来年生个胖儿子。这张年画作为吉祥物贴在墙上，有的俗信认为，它将有着无比的感染力打动送子娘娘送个儿子来；有的俗信则认为，那画中的胖娃娃就会有灵物凭依而投生到贴年画的人家。可见，如此年画吉祥物，其背后也隐藏着万物有灵信仰，包含着人神交通的意义。

添喜需先有喜。在民间俗语中，妇女怀孕被称为“有喜”、“得喜”、“害喜病”。在重男轻女的旧时代，人们希望所怀为男孩，从而产生了一些有关的吉祥物。如前述宜男即是一种。此外，各地还有不少类似的信仰和民俗吉祥物。如在河南省永宁、洛宁、陕州一带，旧时闹元宵，在城镇街头巷口用木料搭架过街天桥，叫“百子桥”。相传女人在桥上走一走，未孕的女人可以得喜，得喜的宜男。所以每逢元宵节，进城观灯妇女大都要挤上桥去走一走。在闽北，女人婚后无子，常去庙中“请花”。相传庙中的花有红白两种，请（摘）红花可怀女，白花可生男，故而这里的白花也成了宜男吉祥物。

无论所怀是男是女，既然都为“喜”，因而便有了一些安宫、保胎的吉祥物。“定胎蛋”便是至今仍在乡间使用的吉物。在陕西安康一带，女人怀孕 3 个月时，至亲好友要探望祝吉，煮 8 个红鸡蛋，放入一口木升中，升用写“贵”字的红纸封口，亲友将红升交与孕妇，并说唱祝吉传统歌谣。这种以升装蛋的吉祥物，表述的是“喜生贵子”。

俗语将分娩称为“添喜”，生男为“大喜”，生女被称为“小喜”。过去，由于卫生条件差，传统接生法安全性低，孕妇因生产而死者所在多有。因此，不仅产生了“生孩子是过鬼门关”、是“大命换小命”等说法，而且有着一些民俗吉祥物寓意母子平安。其中，兔脑丸和催生米等便很有代表性。

兔脑丸，也称“腊八丸子”，是旧时曾流于北方许多地区的催生“灵药”。腊八日杀兔时，将兔脑取出，掺和兔血，拌入麸皮、面粉，抟成丸状，贮存备用。临产时，取出服下，相传胎儿便可顺利快捷地降生。很显然，这是巫道色彩较浓的吉祥物。

在一些地区，娘家人在孕妇临产前要登门探望，并送吉祥物以祝吉。其中用盆盛粟谷秸秆一把，上面用锦绣帕或彩色丝帕覆盖，上插花朵，以及用通草编结或贴饰出的五男二女图案，用盒盘装有一定数量的馒头和以面做绵羊，还有鲜果、孩子衣物等。这些物品，大都寓有一定的美好祝意。

在陕西等地，催生送蒸包。韩城一带送催生饭是在产前半个月，这种蒸包当地叫“角子”，或送 40 枚，或送 60 枚。同时，还要送一包枣、一包核桃和一包肉和菜。孕妇的亲娘进门，先从窗外将枣和核桃扔到炕上，由孕妇亲自取看。若先取的是核桃，则兆示生男，否则，将是生女。送来的肉和菜，则由婆母分送给四邻，以告知儿媳将生产，请邻里届时出面相助。在武功一带，亲娘送蒸包，孕妇要坐在门槛上全部吃下，以为这样才会生产顺当。

在浙江绍兴一带，孕妇临产前要吃“过桥面”。所谓过桥面，就是孕妇本人擀几斤面条，连过三座桥后吃下。民间以为，吃了过桥面，新生儿出生时就会像船过桥洞一样通畅。

旧时，在北方地区，若有妇女临产，大都由接生婆代为去寺院、庙观求一张木刻彩印的催生娘娘神码，贴到产房门上，以这张“催生符”作吉祥物，祈祷母子平安，生产顺利。

过去，一旦孩子落草，人们便把注意力转移到孩子身上。由于新生命脆弱，加之医疗保健条件落后，婴儿死亡率极高。受巫术影响，保护新生儿的吉祥物多到了令人难以想象的地步。这些吉祥物主要有：

(1) 红子和红鸡蛋。

新生儿降生，所挂红子便是一种主要吉祥物。由于采用的吉祥物不同，红子的名称在各地也大有差异。山东鲁南将这种生育门标叫“挂红子”。在小儿降生的当天或第三天，悬挂起长方形红布条，上端缝在红色高粱梃杆上，下端缀以古钱或染红的大蒜。在费县、泗水，生男还要加上一弓三箭；在郯城，除红布条外，还用红线贯穿起栗子、枣和染红的花生、银杏等物，悬挂门楣上方。在胶东地区，门外除悬挂红布外，还插上桃枝，挂上枣、栗、葱、钱等物。对于这些吉祥物，人们都有相应的解释：红子，是通用的驱鬼辟邪之物；古钱，既是镇妖除邪的吉物，也是有钱、发财的象征物；大蒜，则是避病祛邪的东西，是会算、会理家的象征物；弓箭，是镇压邪妖的灵物，也是尚武、英武的象征物；大葱是辟邪禳灾的吉祥物，也是寓聪颖、聪明和子嗣兴旺的象征物；枣栗是“早日成才”、“早日自立”之意，花生和银杏寓意是长命、长寿，桃枝是驱鬼除妖吉物，还是长生高寿的象征。

在其他地方，门标作为生男生女的吉祥物差异不大，区别在门楣的位置。如河北定县生育门标是悬吊黄姜，生男，悬姜在左；生女悬姜在右；双胞胎，则门楣左右都悬。这里的黄姜和其他葱、蒜一样，也是辟邪祛瘟的吉物，另外还是“多子”、“多产”的象征物。

红鸡蛋象征着吉祥、喜气。在河南、山西、陕北、山东及东北各地，有一家添喜，邻里要送红鸡蛋给添喜之家的风俗。新生儿的外祖母也要送红鸡蛋，俗语谓这是“送汤米”。这些红鸡蛋，一有贺喜之意，二为给新生儿母亲加营养，保证身体恢复。同时，添喜之家要将煮熟的红鸡蛋分送邻里及亲朋，以示同喜同吉，俗语称此为“分散”。俗信认为，添喜之家分散的红鸡蛋越多，说明这家的人缘越好，新生儿就能得到众人的庇护，吉祥长命。

(2) 香汤和洗儿钱

香汤是洗涤新生儿所用的吉祥物。新生儿出生后，以香汤沐浴，为其祈福，是古今盛行的习俗。据孟元老《东京梦华录》记载，“洗儿时，亲宾咸集，煎香汤于盆中，下果子彩钱葱蒜等，用数丈彩绸绕之，名曰‘围盆’；……观者各撒钱于水中，谓之‘添盆’。”由此可以看出，这个小小仪式即使用了众多吉祥物，如香汤、果子、彩绸、葱、蒜、铜钱等。近代，北京一带人家所煎香汤，使用的是端午节插在门户上的艾枝。天津一带人家洗儿，是用艾枝和槐枝来煎制香汤。显然，煎制香汤洗儿，目的在于为新生儿除秽辟邪。

洗儿钱及各种果子等也是吉祥物。韩偓《金銮密纪》云："天复二年（公元902年），大驾在岐，皇女生三日，赐洗儿果子。"可知连皇帝也将洗儿果子视为吉祥物。洗儿钱在唐代即有，诗人王建的《宫词》诗中有"妃子院中初降诞，内人争乞洗儿钱"之句。南宋时添盆所撒铜钱，既是贺礼，也是用于讨口彩的吉物。过去，安徽一带人家洗儿，亲友相贺，即是用五彩线搓成的"长命索"穿上百文铜钱作礼，称为"洗儿钱"。许多地方人家以亲友所赠洗儿钱穿在一起，制成"百家锁"，保佑新生儿长命百岁。当然，洗儿钱还寓有小儿未来发财有钱的祝福。

在北方，洗儿请接生婆主持。洗时，接生婆边洗边唱："洗洗头，做王侯；洗洗蛋，做知县；洗洗沟，做知州。"洗完后，用镜子在小儿背上照一照，寓意"照照腚，白天拉屎夜里净"。之后，要用葱轻轻敲打小儿，寓意"一打聪明，二打伶俐"；再用一个小秤砣在小儿背上压一下，俗叫"压千斤"，祈祝小儿将来能担当大任。最后，将小儿放在盛纸花的筛子里轻轻摇一摇，俗信认为，这样将来小儿就不会生痘出天花了。无疑，接生婆所用的镜子、葱、秤砣、筛等物，都可被视为吉祥物。

新生儿落草，对于添喜之家来说，自然是件大喜事。但是，过去由于保育条件较差，孩子在出生到12周岁期间极易夭折。加之，这个时期又是孩子道德品质形成的关键阶段，因而受到格外重视，有着众多吉祥物与之相伴。这些吉祥物主要有：

(1) 黄连和好缘奶

在山东、江苏、浙江等一些地方，在新生儿诞生第三日喂奶，叫作开奶。然而，小儿开口尝到的第一口并不是香甜温馨的母乳，而是黄连水。只有饮下黄连水，才能开奶。黄连虽苦，却是吉祥的。民间以为，婴儿吃了黄连，将来再吃苦也不觉得苦，开奶先吃苦，寓意苦尽甜来。在其他地方，旧时为婴儿开奶，不只是光吃苦，而且要吃五味，即酸、咸、苦、辣、甜。这五味由醋、盐、黄连、勾藤和糖调制。以五味喂婴儿，寓意人的一生要经历无数的困难和艰辛，难免品尝酸甜苦辣咸滋味，也是以此象征苦尽甜来，祝愿小儿将来吉祥如意。

在浙江的一些地方，为婴儿开奶，不仅喂黄连水，还伴食其他的食物。这里的开奶仪式，常由婴儿的伯母主持，先端黄连汤，边喂边道：“好乖乖，三朝吃得黄连苦，来日天天吃蜜糖”。随后，再将用肥肉、状元糕、酒、糖等食品制成的汤水，边喂边唱：“吃了肉，长得胖”；“吃了糕，长得高”；“吃了酒，福禄寿”；“吃了糖和鱼，日日有富余。”从开奶主持人的祝词中可知，伴食的肉、糕、酒、糖，都寓有美好的祝愿。

在民间，为开奶乞来的乳汁是吉祥的，有的地方称作“好缘奶”。在浙江绍兴一带，开奶时生男婴的必须到生女婴的人家去换奶；生女婴的则要到生男婴的人家去换奶。人们认为，这样有利于小儿将来有好的姻缘。这种“换奶”、“吃奶”之举，是育儿的古老风俗。在台湾地区，这种“乞好缘奶”习俗还有一定的禁忌，即换奶的婴儿均应满 4 个月以上，据说是为避免“喜冲喜”。在鲁南一些乡村，这种换“好缘奶”习俗，并不只限于开奶，也没有生辰或性别的限制，一般只限于同辈的婴孩换奶。老人们以为，这样小儿长大以后有好姻缘、好人缘。当地俗语形容两位从小长大的挚友，常称作“吃一个奶长大的”。

(2) 囟（xìn）毛和点眉

囟毛，即是在小儿脑袋囟门处所留的桃形长发，叫“胎髦”，寓意孩子平平安安，长大能成为俊杰之士，表达家长望子成龙、长命百岁的心意。

为孩子剪“胎髦”，是在婴儿满月的时候。各地大都有不同的仪式。在山东，这天门上要插桃枝，枝上缀有枣、栗、葱、钱等物。桃，谓逃脱灾难；枣和栗，谓早日立业；葱，谓聪颖伶俐；钱，既用于辟邪，也表示有钱有财。脑后的这绺长毛也是吉祥物，“押尾”一名，就是寓意“押住”，避免邪物侵害以长命的意思。因此，也称作“老毛”、“百岁毛”。

在北方，婴儿满月时，外婆要派小儿的舅舅去接来小住，称作“叫满月”。小儿初次出门，他的母亲或舅舅手中都要执用来辟邪的桃枝。待小儿从外婆家小住返回时，仍要执桃枝。出门时，外婆要在小儿眉间点按上一个圆点，称作“打花狗儿”。在浙北，用烟灰。在苏南、沪郊和浙江一带，婴儿第一次去外婆家，也用锅底烟灰点画小儿的鼻子尖，称作“涂灶黑”或“涂墨”，认为这样能够避灾压邪，确保行走平安顺利。锅底的积灰竟是不同地区用于同一民俗事象的吉祥物，这的确是一个有趣的文化现象。

（3）长命锁和百家锁

长命锁，是人们祈祝幼儿吉祥如意、健康成长的一种饰物。古今的长命锁，大多是用金、银、铜打制的，因质料的不同，称为“金锁”、“银锁”或“铜锁”。锁的正面和反面，一般都镌刻吉祥祝词，像“长命富贵”、“长发其祥”、“长命百

图 39　民间“长命锁”图案

岁”等。有的只在锁面錾“龙”、“虎”、“寿”字样，以寓孩子健壮、长命，有龙腾虎跃之势。也有的錾刻麒麟图案，以寓“麒麟送子”、“麟趾呈祥”之意。人们以为，只要佩戴上长命锁，就会锁住小儿的魂魄，根基永固。如突遭惊吓或邪物冲撞，不会失魂落魄。此物被赋予逢凶化吉、辟邪消灾的灵力。(图 39)

百家锁，因为是亲友赠送而得名，但其寓意与长命锁相同，故通常也被称为长命锁。这种锁有的是由外婆送去的。若外婆家未备，亲友们就集资凑钱，请银匠打制一枚送给婴儿；或送钱给小儿家长，由他们自己置办。在盛行“拜干亲”的地方，干爹、干娘要出面向街坊邻里募捐，为干儿凑钱置办长命锁。民间以为出钱的人家越多，打制的百家锁就越吉祥，越有灵气。客居异乡的人家缺亲少友，有的就去换取乞丐的钱。人们以为，乞丐的钱是挨门乞讨的，也是百家钱，用百家钱购置的长命锁，自然也是百家锁，当然也大吉。

在民间，也有一些并非用金、银打制的锁，同样用于为幼儿祛凶祝吉。在关中、陕南等地，流行一种用丝线编结的“锁”。取彩色丝线编成长约 3 尺的线辫，从中间打如意结，再缀几枚铜钱，就成了一枚吉祥锁。在河南一带，婴儿拜认了干娘，干娘要为小儿缝制一个称之为“锁”的红布项圈。以后，每年加一层布，直到12岁，再由干娘祈祷后取下。在山东、河南等许多地区，民间还流行一种玉雕长命锁，有圆的、方的或锁形的。

除长命锁外，“长命索”也是古今流行的吉祥物。长命索，也叫“长命缕”、“续命缕”、“百索”、“寿索”、“神链”等。在民间，使用最多的仍是称作“长命索”的红线绳或五彩线。每逢端午节，妇女用这种线索拴在儿童手臂、手腕等处；或悬挂儿童胸前，或挂在蚊帐、摇篮等处。人们认为这样可以免除瘟病，使小儿健康长命。使用长命索作佩饰时，大都还坠以其他的吉祥物，像珠玉、铜制钱、獐牙、桃核雕、玉雕、薏米、海贝、珍珠等一些小巧玩物。

(4) 百家饭和百家衣

百家饭与百家锁一样，也是流行的育儿吉祥物。百家饭就是从众多人家乞讨来的饭（或米），所以又叫作“乞丐饭”或“百家米”。在北方乡村，如有婴儿出生，当奶奶的常乐呵呵地出外讨米，回去后或磨成粉或舂成糁，用来熬粥给产妇喝。民间以为，产妇吃了百家饭，会奶水充足，婴儿吃了奶，可免灾祛病。

在南方一些地方，百家饭是用来喂食患病少儿的。广西东南部乡村，旧时在向乞丐施舍米时，往往再从乞丐的米袋里抓回一小把米珍藏起来，一旦家中的小孩子病了，就用这把米熬粥喂小孩。人们以为，施舍钱粮给贫苦人是做善事，米是“功德米”，食“功德米”做成的饭，可借众人的功德，消灾免难。在长江中下游及淮河流域一带，幼儿若长期体弱多病，久治未愈，家人便携红布口袋，向乡邻乞讨，凑足百家之数，用讨来的米煮饭喂有病的小孩，认为这样可以使小儿消除灾病。至今，俗语中仍有“饭吃百家好拉巴”的说法。

和百家饭一样，百家衣也是流行在我国许多地方的育儿吉祥物。百家衣，也称作“百结”或“百结衣”。有的地方也称作“道袍”或“和尚皮儿”，大概是衣服样式像道士穿的长袍，衣纹像僧衣的缘故。旧时，每当长孙出生，当奶奶的就向邻里讨布头，讨来的花花绿绿的小布片被剪成同一大小的形状（或菱形，或三角形），再将剪好的布片联成大幅的布，最后剪裁缝制成衣。这种用许多人家的布片制成的婴儿衣物，叫作“百家衣”。民间以为，使用百家人行善所舍的布片成衣，其中便有了百家人的爱意，借此就完全可以辟邪祛凶，遇难成祥。送衣的时间也不同，有的送在“洗三”，有的送在满月，也有的送在周岁或上学之前。所寓之意，则是完全相近或相同的。

旧时，许多地方还有讨人旧衣给婴儿穿的习俗。在浙江南部，怀第一胎的女人常向儿女多的人家讨旧衣，称作“讨利市衣”。在上海崇明岛一带，婴儿出生以后，家人就给他穿上别人家小孩的旧衣服。俗信以为，一个小孩的衣物会对另一个穿上它的小孩有保护辟邪的作用。至今，一些乡村仍存在着讨旧衣穿的习俗。

(5) 虎头帽和猫头鞋

在我国大部分地区，曾流行着各种精美的手工绣制的童帽、童鞋。儿童花帽有虎头帽、麒麟帽、莲花帽、公子帽、兔儿帽、花蝶帽、猪头帽、狮头帽等。儿童花鞋有虎头鞋、豹头鞋、龙头鞋、狮头鞋、牛头鞋、兔头鞋、猫头鞋、猪头鞋和狗头鞋等。这种花帽或花鞋，大都是儿童满月或周岁的礼物。

在儿童花帽中，最具特色的当数北方虎头帽，一般取黑布作面，红布作里，形似古代武士的头鍪（móu）顿项，只是帽顶中空。虎头的图案运用贴、镶、绣、缝等手法制作，造型夸张概括，形态生动，色彩对比强烈。各地造型略有差异，但人们的寓意是相同的，都是美好的。在各式的儿童花鞋中，虎头鞋或猫头鞋是比较常见的一种。虎头鞋与猫头鞋的样式、用料、缝制基本上一样，只是鞋脸的额上区别有无“王”字，有“王”为虎，无“王”为猫。虎头帽和虎头鞋，都是用于保护儿童和祝福儿童的吉祥物。以虎为帽、为鞋，无非都是以其辟邪，孩子无病无灾、健康成长，寓祝孩子长得虎头虎脑，勇健如虎。用兔、猪、蝶等造型的童帽，和用兔、猪、狗、牛等物造型的童鞋，也都是祝福的吉祥物。其俗源于“卑贱易养”的生育观念，寓意希望婴儿就像小兔、小猪等动物一样，泼泼辣辣，易于成活和成长。

(6) 夜啼帖和吊驴符

说到夜啼帖，人们都不陌生。张贴夜啼帖是流行全国各地的育儿古俗。遇有小儿夜啼不休，家人就会用红纸或其它彩纸，写上“天皇皇，地皇皇，我家有个夜啼郎，过路君子念三遍，一觉睡到大天亮”，将此帖张贴到街口、巷尾的墙壁或树干上，以祈求小儿安眠。

小儿夜啼，为什么要张贴这种帖子呢？原来这是一种驱鬼吉祥物。从旧时流行于陕西子洲县一带的吊驴符，可以清楚地看到这一点。在子洲县一带，若家有小儿夜啼吵闹，便请人用黄表纸画符。先画一个倒挂的毛驴，图旁写上“倒吊驴儿本姓周，小儿夜啼不知羞，今夜晚上再来哭，钢刀斩断鬼驴头”。无疑，这里说得明白：小儿夜啼，是鬼物从中作梗，此帖便是恫吓鬼物的“最后通牒”。人们幻想通过“咒语”，向作祟之物提出警告，以驱邪禳灾，保护婴儿安眠。它源于古老的祝由之术，是巫文化色彩较浓的吉祥物的一种。

(7) 布老虎和风筝

在民间，传统玩具不仅仅是让孩子自娱的玩物，而且还是含有一定用意的吉祥物。像人们所熟知的布老虎和风筝等，即是一种以玩具形式出现的吉祥物。

布老虎，是我国传统布制玩具中最具代表性者，一般是幼儿满月或生日礼物。由于形体如虎似枕，又可枕之安眠，

图 40　陕西洛川民间布老虎

有的地方也叫“老虎枕头”。各地制作的布老虎，其脸谱一般都和当地流行的虎帽、虎鞋、虎暖袖很相似，具有浓郁的地方特色。大都以彩色丝绸、绒布、彩线、金银线、空心珠、宝素珠等为主要材料，经过精心的制作而成。特点是造型夸张，取舍大胆，轮廓简练，色彩强烈，似虎非虎，拙稚可爱。(图 40)

民间将布老虎作为特定的礼物馈赠小儿，必有特定的用意。例如，在陕西一带，小儿做满月时，当舅的要送一只黄色布老虎。临进门时，将老虎尾巴折断一截，丢在门外。当地人的解释是：折虎尾，是希望小儿日后免灾免难；送虎是祝愿小儿长得像老虎一样，勇健威武。

风筝，古代称作“纸鸢”，又叫“鹞子”，是普及全国各地的一种玩具。清明节前后放风筝，是少年儿童喜爱的一种娱乐活动。在古代，人们把风筝视作祛病除晦的吉祥物，常常通过放风筝来“放晦气”。《红楼梦》第 70 回中，就有一段林黛玉和众姐妹放风筝以“放晦气”的描写。人们以为，将风筝用线放入高空，仰头向上深呼气，可以“泄内热”，避免入夏中暑；若剪断牵线任风筝飘落，就可带走晦气，以“消灾祛难”。因此，风筝实际也是育儿的一种吉祥物。(图 41)

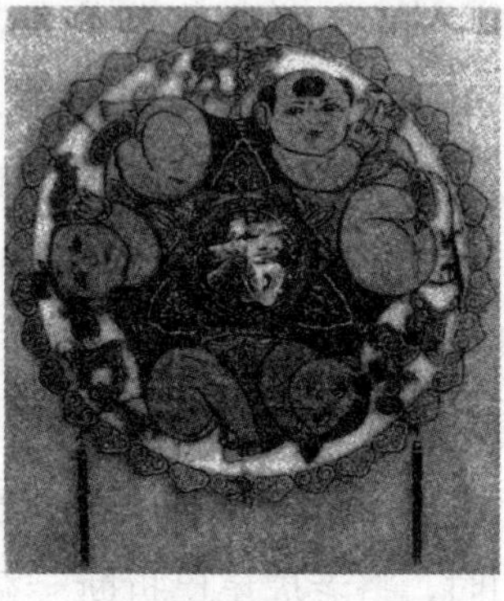

图 41　祈福求祥的板子类风筝

春天是美好的。童年是欢乐的。伴随着春天的脚步和风筝的升腾，人啊，洒下了一曲天真烂漫的歌，便度过了无忧无虑的童年。这天真烂漫，散发着吉祥物的气息；这无忧无虑，带有着吉祥物的旋律。在吉祥物所寓含的祝福声中，人生的列车走完了第一段航程，又驶向第二段旅途。

（二）吉祥物把婚嫁打扮了个够

俗话说："男大当婚，女大当嫁"。婚姻是人生大事，不仅意味着将有新生命的问世，而且意味着一个人将进入了创业的年华。这就是俗语"成家立业"所谓的含义。因此，如同人的出世一样，被视为人生四喜之一的"洞房花烛夜"自然被吉祥物打扮了个够。

吉祥物对于婚姻的打扮，自议婚、订婚开始即已存在了。各地议婚、订婚中的吉祥物主要有以下几种：

(1) 龙帖和凤帖

龙帖和凤帖合称为龙凤帖，即为传统的婚约证书，又称“婚书”、“婚帖”、“八字帖”等。这种帖子有的是专门印制的，男方使用的为绿色，印有一双盘龙，故称“龙帖”；女方为红色，印有双凤，故称“凤帖”。湖南一带也称为“红绿帖”。婚书被称为龙凤帖，还在于取用“龙凤呈祥”的口彩，以祈祝青年男女的婚姻幸福美满。

龙凤帖的格式是固定的，各地所书内容大同小异。常见的格式为：龙帖多写“谨依冰言，敬求金诺”或“幸仰名门，愿结秦晋”等语，落款画押者为男女双方的父母及作伐的媒人；凤帖则多写“恪遵台命，仰答德音”或“幸借冰言，仰答洪章”等语，落款与龙帖相同。如此内容所体现的，不仅有着门当户对这个传统婚姻成立的标准，而且有着“父母之命，媒妁之言”这个传统婚姻成立的原则。因此，龙凤帖的订立对于父母包办婚姻来说是一种胜利，是无限的吉祥，但对于婚姻当事人来说，则不啻是一种交易，一种被打入爱情地狱的桎梏。

(2) 银锭和金马

清末民初，家居都市的富有人家，在换帖之时，男方礼品中要置备一锭银子、一支金如意；要有四种或八种果品，如龙眼、荔枝、栗子、蜜枣之类；此外，还要有数瓶或数十瓶上好的茶叶。这些东西都是吉祥物。银锭和如意，取意“一定如意”；果品的取意是“早立贵子”或“早立子”；茶叶取意有三，一是表示郑重其事，明媒正娶。茶又称茗，谐“明”之音，由媒送达，便组合而成“明媒”之意。二是富贵有财，取“绿”寓“禄”之意。三是借茶（树）移栽生枝之象，取“生子”繁衍之意。

在陕西澄城一带，定亲之后，男方家庭若富裕，则送给女方一只小巧的金马驹或银马驹，以祝吉祥如意，婚姻和谐——马到成功。

(3) 红麸和喜盐

对于广大平民家庭来说，虽无金无银，也有着充满同样爱意的祝吉之物。鲁南人家换帖时所使用的小包红麸和喜盐，便是最平凡而又美好的吉祥物。换帖时，常先将男方龙帖放在一个红色小匣子中，由媒人带着彩礼前往女家。女家除回赠礼物外，还要将女方凤帖放入媒人背来的红匣子里，并用红线将龙凤帖缠系在一块，再放上一小包红砂糖、一小包染红的麸皮、一小包洁盐，有的还放入几片艾叶。红麸谐“洪福”之音，表“洪福齐天”之意，意在祈祝将要结合的年轻人幸福无比。红糖和艾叶，寓意是祝新人婚后恩恩爱爱，甜甜蜜蜜。红线寓意有二：一作为“长命缕”，祝新人健康长寿，恩爱久远；二作为姻缘的红绳，以示“千里姻缘一线牵”，命中注定结为夫妻，顺应天意。洁盐，谐“结缘”之音，寓有缘之意，既祝未婚小夫妻有缘，又祝婆媳有缘、姑嫂有缘、妯娌有缘，也祝两家有缘幸运地结为姻亲。

(4) 鸳鸯肉和喜盒子

在山东德州一带婚仪中，有两种比较特殊的吉祥物，那就是“鸳鸯肉”和“喜盒子”。鸳鸯是一种爱情鸟，雌雄偶聚不离。这里的鸳鸯肉，并不是鸳鸯鸟的肉，而是换帖时必备的一刀猪肉。这刀猪肉，重 4 斤，从中一分为二，但不割开，仍使其相连。这块作礼物的肉使用鸳鸯之名，并使之相连不离，其用意就在于祝婚姻和谐，佳偶匹配，相恋不离。届时，男方家将鸳鸯肉和馒头、挂面、大米配成四色礼，装入食盒内，再放上一包麸皮，请人送往女家。女家收到礼物，将男方送来的馒头、挂面、大米如数收下，鸳鸯肉只收一半，另一半回送男方，并抓一把面粉撒在麸子上面，俗称“夫妻见面”。另外，女家要准备发糕和“喜盒子”作为回礼。喜盒子也称肉火子，是一种日常食用面点，即夹肉馅小圆饼。这种圆饼准备 200 枚，其中，有两枚是很大的馅饼，回礼时放入礼盒内，由媒人带给男家。这里用作礼品的馅饼，取“圆”之形，“合”之音，以祝婚姻圆满，夫妻和谐美好。

(5) 圈圈馍和大馒头

馍也称馒头，是北方面点，一般是使用发酵面制作。在北方婚礼中，以麦子面制作的发面馍，常用作馈赠的礼物。陕西至今仍存的“圈圈馍”，便是这种不平凡的吉祥物。在太白、凤县等地，订立婚约的儿女亲家，逢年要蒸圈圈馍相送。这种圈圈馍的祝意就是定结百年之好，婚事圆满，新人团团圆圆。同时，也企盼以此“圈”定对方守约，不要悔婚。显然，这是祝吉之物，也是婚约的一种信物。

在河北井陉县，婚事定下后，男方要为女方制作一定数量的大馒头，并按期送到女方家中。馒头的数目，是由女方根据自家亲戚的多少和关系的远近来定的。女方收到馒头，分送给亲友，一般是送双数，至少两个，最多 8 个。亲友收到馒头，就要根据彼此的关系准备贺礼。这种大馒头的祝意就是成双成对，白头偕老。

(6) 引亲布和沾亲棉

依照传统婚俗，在换贴之后，男方赠送的大宗礼物是用于作嫁衣的布料等。其中，不少物品寓含有一定的用意，是祝愿婚事美满如意的吉物。山西省合阳、澄阳等地，曾流行过送“引亲布”习俗。换帖时，男方托媒人带给女家的礼物中，有一匹自家纺织的土花布。这布是特地织出的，长度有一定的尺寸，或四丈八尺，或四丈九尺，以应“四丈八，两头发”，“四丈九，两头有”的口彩。这布送到女方，要完好地保存到成婚。一旦悔婚，此布要完整如初退还。

在陕西韩城一带，订婚之日，女青年在亲戚陪同下，要到未婚夫家中看一看。告别之时，男方家中除赠一定的现金作见面礼外，还送一捆“沾亲棉”，以示至此沾亲，希望姑娘常来常往，“绵绵不断”，也祝未婚的年轻人情意绵绵，女子柔顺如棉。旧时，在江苏淠（pì）淮地区，男方在送“日子”(通知女家成婚迎娶的日期）时，送女子一袋籽棉用来套陪嫁的棉被，称作“下子棉”，以此祈祝，婚后多生贵子，多子多福。

吉祥物打扮婚姻的最集中点在婚嫁的仪式举行上。在传统迎娶过程中，有着无数的吉祥物与之相伴。在此，仅举较为特殊的几种：

(1) 长命鸡和催妆鹅

在传统婚礼上，有一个必不可少的角色，那就是人称“长命鸡”的红公鸡。有的地方也叫“合啼鸡”、“合号鸡”。之所以被称为“长命鸡”，是因为俗信认为，雄鸡有一定的灵性，有驱邪辟祟的神通，以红公鸡作为男方的代表，既象征着家业的红红火火，又象征着婚姻的美满，因而成为新人婚配的吉祥物。最让红公鸡得意的是，一旦新郎因故不能参加婚礼，它就作了新郎的全权代表，以新郎的身份拜天地，守洞房。这种称作“公鸡拜”的习俗，过去盛行东南沿海渔村和粤东侨乡。

在婚礼上，最先以吉祥物身份出现的禽鸟，并不是鸡，而是雁。古代婚礼上，新郎迎亲到女家，首先献雁。以雁作为吉祥物，寓祝爱情专一。旧时，朝鲜族的传统婚礼，仍用木制的雁作吉祥物。新郎往新娘家迎亲，队伍前有一人捧木雁引导。到女家后，先入“奠雁厅”，举行“木雁礼”。这里也是以雁喻人，象征新人忠于对方，就像大雁对配偶一样忠贞。

由于雁不易寻找，过去在华北、华东、中南地区一些城乡，也曾以苍鹅替代。用于婚礼，称作“前鹅”，或“催妆鹅”。此处仍取雁失偶不匹之说，寓爱情专一、忠贞之意。

(2) 满堂红和长命灯

在传统婚礼上，人们对红色有着强烈的要求，讲究“满堂红”。今日北方乡间人家婚娶，大门上方要悬挂红子，门户要贴红对联，窗上要贴红喜花，正房要悬红底双喜字或红底“百子图”，案上要摆罩着红色喜花的供果，要放雕饰龙凤的红色花烛，洞房的小窗用粉红纸封，床上要铺红席，床腿要用红纸包砖垫，床壁要用红色彩印花纸裱，顶棚要用红色剪纸装饰。所有摆设物品要用红色的喜花或盖，或罩，或套，或贴。院中的墙壁，悬挂亲友庆贺的红色喜幛。即使房顶，也要抛上一条红绳，以示婚姻为月老撮合，顺应天意，定会美满。和男方的家中一样，新娘家里也要挂红子，贴红对联，捆扎家具用红绳，陪送的物品无论大小皆饰以红色喜花。新娘子更是红褂、红裤、红头绳、红盖头。此种“满堂红”代表了喜庆，象征着火红，成为婚嫁的基本色调。

传统婚礼上，灯也是必备吉祥物。迎娶花轿的红宫灯叫子孙灯。洞房里经夜不熄的灯叫“长命灯”。有的地方，洞房的灯备两盏，由专请的全福人（或少女）送灯到洞房，其中一为男灯，一为女灯。若灯能同时熄灭，则兆示大吉。在江南一些地区，有新人守花烛的习俗。花烛摆在洞房，请人点燃后，夫妻守灯，以便在灯自然熄灭时吹灭另一盏，以取吉祥之意。

（3）锁麟囊和五子衣

锁麟囊实际是新娘用以存放私房钱的小荷包，用锦缎、丝线绣制，取名“锁麟”是援引“麒麟送子”之意，是新娘子祈祝早生麟儿的吉祥物。过去，姑娘出嫁大都备有这种绣品。各地名称不一，上海称“喜袋”，鲁南称“吉布饰”、“鸳鸯顺袋”，安徽叫“塞婆嘴”，浙江叫“子孙袋”，台湾叫“暖肚”。

在封建时代，人们把传宗接代看得很重，妇女能否生子，关系到她婚后的家庭地位和幸福。所以，各地新娘子的嫁妆含有祈子之意的特别多，像穿的有凤冠霞帔和裙子，以谐“群子”之音，寓多子多福之意。陕西澄城嫁女，俗尚穿用十条绸带绣制的“十带裙”，谐“世代”之音，寓多子多孙之意。安徽六安一带的姑娘出嫁，必穿婆家准备的紫色“五子衣”，人们以为穿此衣成礼，日后必多贵子。鲁南、苏北一带人家必置棉被，称“子孙被”，被中放置枣、栗、花生之类，以祝儿女双全，早立贵子。其他还有“子孙罐”、柜子（谐音“贵子”)、三连桌（谐音“三连着子”）等。上海、苏南、浙江人家嫁女，也必备“子孙桶”（马桶)、柜子。嫁妆送到男家，进门先送柜子，并高呼“先送贵子”。筷子是各地嫁女必备餐具，也是祈子之物，谐音“快子”，寓“早立贵子”之意。

(4) 百子轿和鸳鸯瓦

在我国旧时迎娶新娘，有的用花轿，有的用喜车，有的用马，有的用船。用于婚娶的轿，都用特制轿衣装饰。轿顶饰麒麟，四檐垂流苏、绣球，轿帘和其他三面刺绣有“百子图”或“鸳鸯戏水”、“麒麟送子”、“喜鹊闹梅”、“花开富贵”等传统喜庆图案。所以这种轿古人称作“彩舆”，俗称作“百子轿”，“大花轿”。

旧时，人们以为花轿是有灵气的，特别是第一次使用的花轿最吉，称作“头水轿”，故租金往往高出平时几倍甚至十几倍。在北方，花轿到男家，要用鼓乐引导沿村走一圈，放在院中，称作“晾轿”。花轿到女家，鼓乐演奏一番，并设宴款待轿夫、乐手，称作“暖轿”。在浙江一带，花轿由男方家中前往女方家之前，要请两位“福星”、“禄星”用烛光把轿里轿外照一遍，再用芝香熏一熏，称作“搜轿”。在北方大部分地区，花轿往女家途中，轿里要坐一位父母双全、有姐有妹的小男孩，或放入男家的“长命鸡”，称作“压轿”。这样做的主要目的，是为避免传说中的邪物乘虚入轿，确保新娘子吉祥如意。

新娘子上轿，一般都穿红衣、红裤，并头顶红盖头。北方的大部分地区，无论寒暑都要着棉，称作穿“硬衣”，穿“厚成”，以为这样会祈得婆家的厚待。除嫁衣之外，新娘子还要尽可能地“全副武装”，披挂吉祥之物。在浙江，穿上婆家的催妆衣，还要颈套项圈，挂天宫镜，佩照心镜，胸前着护腩袋，肩搭子孙袋，手臂缠银圆。山东鲁北一带嫁女，左手握柽（chēng）子，右手端酒杯，怀里揣着铜镜子。新娘子所佩之物，各地都有吉祥注释。

除新娘子随身携带外，轿内往往另设各种各样的祈祝之物。例如，浙江迎娶新娘的轿内放铜火炉，新娘子坐轿踏火炉，以此祈祝夫家旺发。湖北来凤一带，用包袱装一点大米置轿中，称“坐轿米”，以此镇鬼驱邪。浙江南部人家嫁女，则由伴娘取两块瓦和一对陶碗，用红线绳扎紧系牢，外缀以万年青和柏叶，放入花轿。这种伴轿的吉祥物，人称“鸳鸯瓦”。当地人以为这是分福于新人的意思，但从吉祥物组合习惯上分析，释作“百年好合”更为妥帖。总之，这也是一种祝福吉祥物。

（5）火把和马鞍子

在传统婚礼上，“燎轿”是花轿进村来到男家门前的第一个仪式。古人认为，在送亲路途中，各种邪物有可能跟踪而至，所以要进行驱邪仪式。花轿在男方大门前停下，两个小男孩手持火把跑出，围绕花轿相向各转三周。人们以为火是吉祥的，这样就可驱除不祥。在使用马车接亲的地方，也举行用火驱邪的仪式，称作“燎车”或“回马车”。在河南、陕西一带，还有“打醋坛”仪式，迎亲车（或轿）抵门，一人手提烧红的犁铧，环绕车（或轿）数周，边转边泼香醋，以此驱除邪气。在中原或关中一带，这种农具和醋也是吉祥物。

新娘下轿，脚不能沾地，在伴娘搀扶下，要踏红毡（或红席、粮袋）走，直到入洞房揭去红盖头坐帐。这履毡行走，古称作“传席”或“传袋”，谐“传袭”或“传代”，寓“传宗接代”之意。毡、席、袋在此是祈嗣吉祥物。

新娘进大门前，门口要放一块捶布石，石上要放一马鞍，有的还在鞍上放一串铜钱。在伴娘的扶持下，盖着蒙脸红子的新娘，要小心翼翼地从鞍上跨过。这里放置的吉祥物，谐音寓意“前进平安”。二门放置一盆木炭火，新娘要从火上跨过。其意据说有二，一驱邪除秽，二象征将来生活红火。

(6) 天地和戥子、升

拜天地，也称拜堂，是必不可少的婚仪。只有拜后，男女才为夫妻，才为社会所承认。在民间信仰中，天是至尊之神，地是次尊之神，天地结合，始有了风雨和世上万物。可见，天地是生殖之神，是造物主。人类要繁衍生息，不可不拜，婚礼先拜，理所当然。

既称拜天地，天地又何在？就在天地桌（或台）上。斗和戥（děng）子组成的物体，就是天地最简单的象征符号，是生殖之神最形象的标识。由于弓箭、尺、剪的附着，失却古意，变成祈嗣的吉祥物。戥子谐“等你”之音；斗又称“升”，“升”谐“生”之音，弓和箭，代表男儿；尺和剪，是女红必用物，代表女孩。这组吉祥物的寓意，就是“等你生儿育女”。

(7) 合卺和长寿面

拜天地之后，新娘坐帐时，由嫂辈全福人手托盛着枣、栗子、花生等物的红托盘撒帐。边抓果类往床上撒，边唱撒帐的祝词：“新媳妇进新房，手扯门帘三尺长。端托盘，俺撒帐，红枣、栗子撒满床。一把撒在门里边，门里出了个小武官；一把撒在门外边，外边儿出了小状元。底一把，上一把，牵着骡子骑着马……”。撒帐的祝词，因地因时因人变化，各不相同，总以祈祝多子多福为主。所撒之物，谐音寓意，都是“早生贵子，儿女双全”之类的吉祥物。

合卺（jǐn），也称“合瓢”。卺，就是瓢。入洞房之后，夫妻各执一瓢饮酒，故称作“合卺”或“合瓢”，寓意新人婚后和谐相亲。近代婚礼，或称“吃团圆饭”，或称“饮合欢酒”。过去，吃交杯酒一般在晚间，现在大多在撒帐之后就进行。新人喝完交杯酒，随之要吃长寿面，或吃“子孙扁食（偏食，为水饺，系鲁西南方言）”。这是新娘子进门吃的第一顿饭，也是祈求子嗣必不可少的仪式。

新人吃长寿面，所用筷子是用系有红线的两棵葱白。碗里放有两枚煮得很生的荷包蛋。吃面条是象征性地吃一点儿，只把生荷包蛋吃下去。这时，伴娘一次又一次地问她“生不生”，新娘被逼无奈，只得说出一个“生”字，伴娘才将两副葱“筷子”丢向顶棚，仪式方告结束。在这里，长寿面、生荷包蛋、葱筷子都是吉祥物。长寿面，寓意明了，不言而喻；生荷包蛋，取意生“蛋”，包生“蛋”；葱筷子，谐音寓意快生子，生子聪明；最后，葱上顶棚，也有祝意，即生子顶聪明。

(8) 吵喜和喜果子

吵喜，也叫闹喜、闹洞房、闹新房、闹新娘。在民俗观念中，人们以为吵喜可为新人驱邪辟凶，越吵越喜，越闹越吉。谁家去吵闹的人多，说明谁家在街坊邻里的人缘好，越吵闹得厉害，越兆示这家的日子红火旺发。亲友、族人吵闹的目的，一是试探新娘子为人处事的应变能力，二是促使张口结舌的新娘子拿出喜烟、喜糖、喜果子。人们认为，新娘是吉祥人儿，新娘的礼物也是吉祥的，所以一些地方有"抽喜烟不腰痛"、"吃喜糖不尿床"、"吃喜果子身板儿强"的说法。新娘的喜果子是娘家备下的，一般有三种：其一，夹裹在衣被里的干果，像栗子、红枣、花生、核桃等，是用以祈子的；其二，亲友添箱时赠送的用红纸盒封的什锦糕点，是专为应付吵喜时打发亲友的；其三，藏贮在"子孙罐"里的糕点、圆果或红鸡蛋，既是预备新郎和新娘子夜深客散之后共享的美食，也是祝祈早生贵子的吉物。

(9) 缘法汤和长远面

依传统风俗，新娘进门三四天之后，要亲自下厨做些拿手的饭侍奉公公婆婆。一表示谨守妇道，尊老爱幼。二显示在娘家为女本分，熟悉家务巧于炊事。三象征着一家人和睦，有缘分，故被称为“缘分面”。其实，新娘下厨大多是“例行公事”，只是象征性地做做样子而已。

过去，苏北一带新娘下厨，大都是擀面条。擀面条，是最能观察巧拙的家务。其实，新媳妇的这顿面条切得跟井绳一样粗仍是好的，因为它是“长远面”，取意家人和睦，家运长久。这顿面，家人们都要吃。依老人们的说法，吃了面也就都有了缘分，容易相处。

陕西丹凤一带的人家，有吃“缘法汤”的习俗。在成婚之日，宴宾之后，就灶煮一锅鸡蛋挂面，称作“缘法汤”。家人和四邻都吃一小碗，以示新娘子和家人、四邻有了“缘法”，日后能尊老爱幼，知情达礼，和睦邻里。

广东潮阳一带，新娘下厨是在婚礼后第二天。新娘用从娘家带来的糖做甜饭，请公婆和其他家人同吃，寓意日后的生活更加甜蜜，大家相敬相爱，亲善和睦。

在苏南一带，新娘第三日下厨试手艺，要做的是煎豆腐。当把切成片的豆腐滑入油锅时，伴娘便唱祝词：“豆腐煎得黄，来年生个状元郎；豆腐煎得跳，新郎坐八轿”等。当地人们认为，豆腐谐“陡富”，新娘初来下灶煎豆腐，可使家业旺发，迅速富有起来。在此，豆腐经新娘子之手，也成了公认的吉祥物。

传统婚礼，成了吉祥物的海洋。在这吉祥物的海洋里，有着对婚姻美满的祝福，也有着对家道兴旺的企盼，但更多的则是对生儿育女、家族繁衍的关心。如此婚嫁吉祥物所具有的特色，实在引发人对传统婚姻的功能作一番全面的思考。

（三）吉祥物：立业者的呐喊与无奈

作为社会存在的人，古往今来，都在思考着如何做人，为了什么而活着这样一个根本性问题。实际上，某些吉祥物所代表的寓意即是人们对这个问题思考的一种回答。

不是嘛，前文中所叙述那些类似“一路连科”、“连中三元”、“平升三级”、“马上封侯”等吉祥图案，所宣泄的即是人们对于仕途追求的毫不掩饰的呐喊。而那些“荣华富贵”、“刘海戏金蟾”、“必定如意”、“十全”等吉祥图案，所表达的则是人们对于财富追求的物欲横流的嘶叫。但更多的则是“年年有余”、“吉庆有余”、“竹报平安”等所表现的对家计水准的低水平思慕。如此强烈反差，既表现了不同阶级、不同阶层的人生观，也道出了成家之后立业者的雄心壮志及到头来的无奈。

如果，认真看一下现实生活中所运用的吉祥物，或许能对立业者的这种心态有着更为深刻的理解。

总结现实生活中民间吉祥物所表达的寓意，我们发现，如果按其性质加以区分，大体可分为三类：一是祈求家业的兴旺，二是祈求家计的小康，三是祈求家庭的平安。这三类吉祥物共融入家庭民俗吉祥文化中，体现和反映的便是传统时代农民首先想到要吃上饭，之后才想当个大财主的创业心态。在此，将这两类吉祥物的主要组成予以列举。

第一类，家计小康类吉祥物。

这一类吉祥物占有很大的比重，所表达的是小农那种企盼能够吃上顿饱饭的心愿。这类吉祥物主要有以下几种：

(1) 面鱼

鱼是一种极常见的食物，因谐音“余”而在现实生活中被附会成一种主要吉祥物。在过年过节之际，在宾朋到来之时，农家都要有道以鱼做成的菜，目的即在于讨个“有余”的好口彩以作为心灵上的安慰和精神上的满足。这种愿望在面鱼的身上得到了更为充分的体现。在胶东地区，无论是过年过节，还是平日做馍蒸馒头，平常人家都要做上几个鱼形馒头，即所谓的“面鱼”，寓意年年有余，日日有余。春节时，面鱼既可做供品，又可被吃掉。做供品，除供在祖宗神位前，还要被供到粮囤里、面瓮里、衣柜上、菜窖中，如此被广泛用作供品的现象说明，农民所企盼的是粮有余、衣有余、菜也有余，只有这样才是年年有余。作为食品，过年时吃面鱼也有一些讲究：要么将整个面鱼一次吃掉，以象征一年到头都有余；要么只吃鱼头和鱼尾，以寓意年头年尾都有余。在即墨一带，宴客的一道菜为豆腐和鱼一起做，以寓意富而有余。有的人家还讲究平日中以面鱼相互赠送，以寓意平日有余。可见，这种大量存在的“有余”吉祥观念，所表达的仅是传统时代农民对能够吃上饭、穿上衣的低水准生活的追求和企盼。

(2) 隔年饭

隔年饭，一是指在春节前制作的用于春节期间食用的面食，二是指大年三十清晨所制作的小米饭。这种面食主要流行在我国北方地区。过去，一过辞灶，北方地区的农家即开始制作馍、年糕、年包等食品，以备春节期间食用。年除夕清晨，做好小米干饭，除当顿早点之外，还留下部分过春节后食用。作为主食的馍和年糕等耐存食品，甚至要留到二月二才最后吃掉。这种将同一食品用于两年中食用的现象，寓意家有陈粮，年有陈粮。可见，隔年饭也是农民希望能得到最起码生活条件的一种反映。

(3) 灰囤

灰囤是谷雨前后农民用草木灰撒出的祈年吉祥物。这种撒灰囤习俗，流行于我国许多地区，撒灰囤的时间有的在二月二“龙抬头节”，有的在正月二十五日“填仓节”。日期虽不同，但撒灰囤都选择在黎明日出前，寓意粮食丰收，家给人足，是“春祈秋报”民俗的一种。关于这种习俗的叫法，各地亦不同，有的称为“打囤”、“安囤”，有的叫“围仓囤”、“打露天囤”等。其做法是：在日出前，各家老人用簸箕盛草木灰，在庭院、门口和打谷场上，撒出许多或大小不已，或环环相扣的圆圈以代表粮囤，圆圈旁撒出梯子形图案以表示为上粮囤的梯子。在一些地方，还在灰囤的圆心处挖一小坑，放上一把各种粮食，然后用砖瓦片盖住，三五日后揭开砖瓦观察粮食，哪一种粮食萌发即表示着这种谷物丰收。有的地方还希望刮风吹乱刚撒好的灰囤图案，称此为“鼓仓”，视为吉兆。在许多地方，还流行打囤时将灰线从水井边撒到自家水缸旁的习俗，并称此灰线为“引钱龙”，寓意引钱到家，纳财呈祥。如此灰囤，所昭示的同样是农民希冀能有口饭吃的美好愿望。

（4）生菜和荠菜

生菜，俗称“鸡毛菜”，是一种用于生食的蔬菜。在民间，也将一些洗净即可食用的蔬菜、野菜等统称为“生菜”。现在，人们生活改善，吃口生菜当做一种享受，殊不知这类生菜在过去却是平头百姓赖以维持生命、充饥果腹的食物。对此，《尔雅》即认为：“谷不熟为饥，菜不熟为馑。”因此，人们将生菜当作吉祥物也就合情合理了。

不过，生菜被当作吉祥物，其寓意已经变味了。在山东曲阜、兖州、泗水、邹县一带，人们在春节期间必食生菜，寓意新的一年里财运大发。显然，在此运用了吉祥物通常被谐音取意手法，谐“生菜”之音而取“生财”之意了。广东人也爱吃生菜，有的地方还以祀神为名而举行“生菜会”。《点石斋画报》即记载了海南举办生菜会的盛况：正月二十六日，当地有观音庙会，善男信女云集，祈祷生子，祈求发财。庙会上饭摊鳞次栉比，各种菜肴皆有，但必以生菜为主，生菜既谐“生财”之音，又有“生生不息”之意。因此，这天香客离去之际，也要带些生菜回家去，作为日后发财或生育的吉祥物。

在各种可食菜类之中，最能体现人们希望度过艰难岁月的当属荠菜、苦菜等野菜了。这些野菜遍地皆生，青黄不接之际常是民间赖以活命的食物。至今，城乡仍有吃荠菜、苦菜谓之“尝新”的习俗。过去，民俗观念认为，荠菜开花，昭示着年景好；苦菜长得绿，昭示着一年饿不着，庄稼要丰收。至今，河南郾城、新蔡、光州等地，乡间女子仍戴荠菜花，用以祈祝丰年。湖北、湖南一些地方，以荠菜煮鸡蛋，称为“做节气饭”，寓意随时有饭吃。只是，大多数人已忘掉了荠菜“荠荠而生”，有益民生的本意，而仅用于包水饺、馄饨等迎春尝新风俗了。

(5) 福物

福物是指用于祭祀之后的祭品。这类祭品多为食物，民间认为，用于祭祀的东西是吉祥物，得到供品是幸运的，所以分食供品，既有着血缘的“缘分”之意，也有着“福分”的象征，从而使供品被称为“福物”。

福物分享最突出的代表是社祭。直至近代，社的观念和信仰还遍及全国。乡村、城镇各地都有自己的大大小小的社，国家也一直把社祭作为国家祭祀的重要内容。在古代，人们要春秋两季祭祀社神。社日这天，邻里聚集在一起，各自拿出肉食和美酒，共祭社神。祭后，人们欢聚会餐，分享祭品。明清以后，祭社活动虽发生了重大变异，但公祭和分食福物民俗仍存于民间。在二三十年代，鲁南仍盛行火神会、泰山社、峄山社等公祭风俗。祭祀后，人们抢食供果，谓之“抢福”。会餐时分食佳肴，分割祭神用猪羊等物，仍称作“分福”。人们认为，神享后的供品吉祥，会餐吃得越多越好。因此，每至社日，汉子们总是大碗吃酒，大块吃肉，直至大醉，并谓这是“享福”。

湖北恩施一带，也流行以“社饭”为吉祥物的风俗。据民国二十六年《恩施县志》记载：“社日采蒿作炊，杂以肉糜，亲邻转馈赠，谓之社饭”。在此，社饭已非祭神之品，但民间仍作为吉祥物。这表明，福物虽起源于远古时代的祭礼，但其核心内容仍如福物的“福”字所表达的：以和睦乡邻为福、以能吃饱为福、以子孙众多欢聚一堂为福。这种状况正如有的专家所说：祈年和祈求子孙，是社祭的两项最为重要的内容。①

① 张铭远：《黄色文明》，上海文艺出版社 1990 年版，第 244—245 页。

(6) 巧巧饭

巧巧饭是少女乞巧活动中所做的吉祥物之一。过去，每逢农历七月七，各地都有一些乞巧活动。这些活动的主要目的即在于涉世未深的少女希望自己能拥有像七仙女一样的巧手，其表达方式则在于各地不同的吉祥物。在山东鄄城、曹县、平原一带，少女们要做巧巧饭，以求得巧。七个平日要好的姑娘为一伙，自带面粉和肉馅，集中在一起包水饺，将一枚硬币、一根针、十个红枣分别包入水饺中。谁若吃到有钱的，则昭示着将来富贵；吃到有针的，则意味着手巧；吃到有枣的，则象征着最先找到如意郎君，早做新娘。其他各地的巧巧饭，也大都如此。

(7) 火塔塔

除夕之夜，民间家中一夜灯火通明，寓意整年交好运，家计光明。更有甚者，则是在庭院中或庭院外点燃一堆旺火。这堆火，有的地方称“火塔塔”，有的地方称“旺火”、“糁盆”等。所用燃料，山东、河北、河南等地使用树柴，江浙使用竹木，山西、陕西等产煤区则使用煤块。产煤区的旺火造型独特，一般用煤块堆砌成塔形，以柴草引燃，故称“火塔塔”。尤其是那些设置在街头巷尾空地上的火塔塔，造型较大，点燃后火光冲天，经夜通明。俗信认为，这种旺火象征着家计火红。在南方省份，这类用于祈年的旺火运用更多。如流行江浙一带的“照田财”、“照田蚕”、“照麻虫”，流行安徽的“烧田福”，流行湖北的“赶毛狗”，流行湖南的“烧元宵”等。无论是何种称谓，也无论于何时点燃，还无论是篝火还是火炬，此类旺火吉祥物都寓意着驱除害虫、祈求丰收。

(8) 芝麻

在俗语中，有“芝麻开花——节节高”的说法。因而，芝麻秸秆也被用作祈年的吉祥物，以表达人们希望自己的生活今天比昨天好，明天更比今天强的愿望。过去，每到除夕贴春联时，许多人家要在屋檐下插上松柏和芝麻秸，在庭院的通道上铺上一层芝麻秸，寓意家计一年比一年好。

如此多种吉祥物，所表达的寓意尽管是美好的，但是其水准是那样的低下。尽管，其中也有“年年高”和“旺火”之类寓意，但那仅是农家希望糠菜半年粮的低生活水准有所改善心愿的表达，是民间为争取“年年有余”奋斗目标观念的一种物化。由此看来，平头百姓立业的标准太低下了。

第二类，家庭平安类吉祥物。

同样，追求家庭平安类吉祥物所表达的，也是一般老百姓希冀能活下去的心愿，昭示的也是民间为争取“岁岁平安”奋斗目标观念的一种物化。在现实生活中，这类吉祥物主要有以下几种：

(1) 屠苏

屠苏是古代人春节时饮用的一种药酒，也是一种有着神奇功能的吉祥物。署名孙真人所撰《屠苏饮论》说，屠字，是说此物可灭邪气；苏字，是说可清醒人的灵魂；屠苏由八种物料配合而成，故又名“八宝散”。传说，春节时一人饮此酒，全家没病；一家共饮，整个邻里没病；浸酒后的药滓悬挂中门，可避瘟禳疫；饮水井中浸泡屠苏一年以上，可一辈子不得病。显然，这是对屠苏功能吹得神乎其神的欺骗性广告宣传，但却兴起了饮屠苏酒的风俗，并一直保留在我国某些地区及东邻日本。

(2) 香囊

香囊是端午节人们佩戴的一种辟邪吉祥物。这种小饰物因佩戴人的年龄、身份和性别不同而有着不同的形状、色彩、图案和香料，也含有不同的寓意。用来填充香囊的物品有桂皮、香附、辛夷、花椒、冰片、姜、艾叶、雄黄、朱砂、黑豆、红小豆等；所绣图案有“吉庆有余”、“福在眼前”、“纳福迎祥”等；其品种，有佩戴于身上者，有悬挂于室内者，还有作为枕头者。据调查，仅山东沂蒙山区流行的香囊式样至少有四五百个品种之多。作为吉祥物，香囊有辟邪气、祛瘟病、保平安的功效；作为一种客观实在，香囊填充料具有散发性特征，确有一定的保健作用。这种吉祥物的存在，为中草药作用的发挥和“内病外治”药剂的研究，具有一定的启发作用。

（3）五谷

五谷是不同时期人们对于主要粮食的统称，也可泛指各种粮食。五谷虽为普通而又普通的东西，但由于它在人类生活中的重要地位而使其具有一定的灵性并在特定的条件下变成吉祥物。例如，河西走廊地区，农村建房时要在门楣中钉挂一种特制的门标。这种门标是以红布缝制的两个连体三角形小袋，小袋中装有五种粮食，有的还在袋中装有硬币，寓意除有五谷丰登、丰衣足食外，主要在于消灾辟邪，禳瘟除疫。此外，江南水乡建房时在大梁正中悬挂的装有大米的“丰窝”，也是厌胜之物。可见，作为食粮的五谷，是被民俗观念认为具有可祈年、可求子、可镇宅、可驱邪、可祛病等灵性的多用途吉祥物。而这种多灵性吉祥物的存在，正是人们求取生存与平安观念的集中体现和反映。

(4) 蔬菜

蔬菜如同五谷一样，既是人们赖以充饥果腹的主要食物，也是具有综合性特征的吉祥物。对此，在前文中我们已在多处提到了用于祈子的瓜、祈财的生菜、辟邪的葱蒜等。此外，还有用于作祈子的车前子、有用于祈求平息狱讼的山楂、有用于祛百病的茴香等，不可胜计。

最能代表蔬菜吉祥观念的，是盛行我国南北各地的“七宝羹”。因为此羹以七种蔬菜做成，故又称“七样菜”。在福建、广东、台湾及两湖地区，过去每逢正月初七，人们要用七种蔬菜混合米粉做羹吃，认为这样可消除邪气，治愈百病。随各地食俗不同，节气早晚，南北民间食用此羹的时间不一，所用蔬菜各异，对于每种蔬菜所含寓意的解释也不尽相同，甚至所用的蔬菜种数也不一定为七种，但总的民俗含义都认为，这是避免重大灾害对人们威胁的一种厌胜之物，祈求的仍然在于家庭的平安。

(5) 福饺

福饺是北方人年夜所吃的一种饺子，因为所用馅为豆腐，故名“福饺”。俗信认为，吃福饺家人在新的一年里能和睦相处，平安幸福。所以，福饺又被称为“团圆饺子”。可见，福饺的寓意主要是家庭有序，相安无事。这表明，家庭关系和谐，父子关系、婆媳关系、妯娌关系、姑嫂关系等带来的难以处理的家庭矛盾不出现激烈化变故，同样是吉祥物民俗观念所注意的一个方面。

(6) 吞口与脊兽

吞口，又称“虎头匾”、“虎头牌”、“镇邪牌”等，是悬挂在大门门楣之上的建筑饰物。其造型不仅有虎头，也有狮头等形象。吞口造型奇特，带有一定的威严，实际是以凶御凶的一种厌胜吉祥物。这种风俗流行于陕南、四川、湖南、湖北、贵州等地。俗信认为，吞口悬门，可使子孙健康，人丁

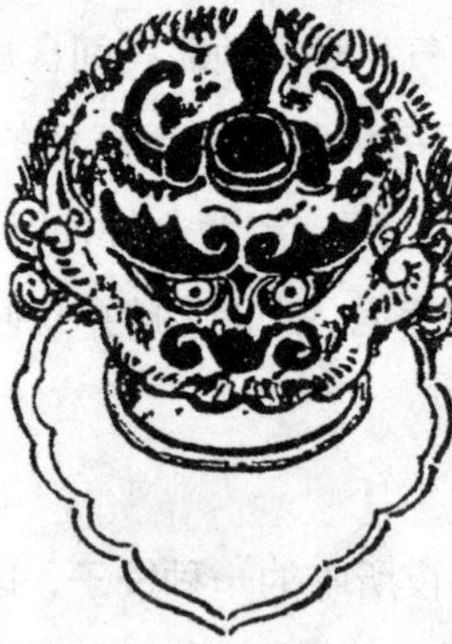

图 42　铺首之一种

兴旺，可辟邪魔鬼祟，保家庭太平。这种现象当与远古时代以动物脑壳为镇邪之物有一定的渊源关系，与北方地区民间大门上以兽面圆形浮雕作铺首有着共同之处。(图 42)

脊兽是传统起脊式房屋所用的吉祥物。一般民房仅在两山脊上安螭吻，而在豪华建筑之上则有龙、天马、海马、鱼、獬豸等脊兽。在江南旧式瓦房上，屋脊则有以披甲武士造型的“瓦将军”为脊兽者。这些脊兽被设置安装的原因，一在于显示建筑的威严，而更重要的在于威慑妖魔，消灾除邪。俗信认为，宅院系人居住之所，也是妖魔侵袭的重点，没有脊兽和吞口的前后防御，是不可能求得安宁的。(图 43)

图 43　几种古建筑脊兽

此外，类似上述那样保护家庭平安的吉祥物还有多种，恕不赘述。虽然，这类吉祥物确实浑身上下洋溢着吉祥的祝福，但这种祝福的核心也仅是“平安”二字。可见，一般百姓所祈求的平安标准同样太低下了，其全部内容即是：无病无灾，家庭和谐。

第三类，家业兴旺类吉祥物。

与前两者不同，家业兴旺类吉祥物则带有着希冀发横财、做大官、成暴发户的心态，表达的是富有者财大气粗的姿态和物欲横流的观念，显示的是达官贵人和豪门富户成家立业的呐喊。在现实生活中，这类吉祥物主要有：

(1) 摇钱树和图案“福”字帖

摇钱树是曾经流行于华北、东北、华东、中南地区的一种祈年吉祥物。在鲁南地区，近代尚有这种风俗存在。过年之时，那些富有人家和商号大都要用一株青竹装饰成摇钱树。在这株青竹上，用红线悬吊着铜钱、染红的花生或其他干果，再以红色纸花为饰，形成了类似西方圣诞树之类的东西，名为“摇钱树”。第二天拜年，登门者无不夸“好大一棵摇钱树”，被拜者讨一个吉利口彩，昭示着新的一年财运亨通。

“福”字帖本是春节期间我国广泛张贴的一种吉祥对联。但是，经过文人的构思之后，产生了众多似字非字、似图非图的图案，形成了含有“旧进斗金”、“黄金万两”、“招财进宝”等字样的各式图案性“福”字帖。(图 44) 这类福字帖集中地体现了希冀暴发者的心态，表达的是富有者敛财无厌的急切心愿。

图 44　“招财进宝”（左上）、“日‘进’斗金”（左下）、
“黄金万两”（右）传统“福”字帖

(2) 文昌塔

塔之建设，多出于宗教目的。有些塔则基于风水之说，目的在于祈祝文运昌盛。如陕西韩城市有座文昌塔，明代初年建塔时的《创建文昌塔记》说，杨公来县为官，游览山川名胜，非常喜爱韩城风景，但感到东北方向山峰低矮，同乡绅计议，修建一座浮屠予以弥补，结果修建此塔，塔上塑魁

星像，塔北建文昌庙。可见，此类塔的出现完全是在地灵人杰观念支配下营造风水形势的结果。这种祈祝学子文运昌盛的塔所在多有，如湖北钟祥市文凤塔、广东潮州凤凰塔、四川都江堰市奎光塔、陕西咸阳崇文宝塔、山东金乡县文峰塔、滕州龙泉塔等。很显然，这类被作为文运腾达的吉祥塔，绝不是对平头百姓而言的。

此类吉祥物还可以举出许多，但一财一文即可足以看到文人仕进的呐喊和豪强敛财的贪婪之态了。

或许，作为一种吉祥物，贫苦之家也可能张贴"连中三元"、"日进斗金"类吉祥图案，但那仅是一种自我嘲讽而已。当这类家业兴旺式吉祥物不能变成现实之际，众多百姓自然把目光倾向了家计小康与家庭平安类吉祥物。因此，现实生活中所存在的这几类表达不同心态的吉祥物之所以能共处，其根本原因即在于：家庭兴旺类吉祥物可以成为涉世未深的青年人立业时雄心壮志的呐喊，而家计小康和家庭平安类吉祥物则是在创业之路上被碰得头破血流者冷静思考后的无奈。

呐喊与无奈共融一炉，而且两者都能被民众所接受。这，大概即是民俗吉祥物的魔力所在。

（四）寿礼、寿面及其他

吉祥物异常注意装扮人生的最后一个焦点，即表现为对一个“寿”字的特别关注，充分体现了中国传统哲学所带有的重生主义特色。

爱惜生命，尽力提高生命的质量和延长生命的限度，这是人类为之共同追求的目标。但是，中国传统哲学赖以建立基础之一的重生主义似乎与这种追求有着共通之处，也有着差异之点。

一般说来，从重生主义出发应该提出享乐主义和个性解放。但是，在中国传统文化中，最忌讳的两样东西一个是“欲”，一个是“非仁”。因此，老子认为，所谓的“圣人之治”即是常使人“无知无欲”；孔子也说，“克己复礼为仁”。为此，带有资产阶级启蒙色彩的明清之交的思想家，才打出了以提倡“人欲”和“非礼”的口号为旗帜，以表达他们对于封建伦理道德的抗议。这一些都表明，中国的传统文化所带有的重生主义色彩，如其将“生”诠释为“生活”，不如解释为“生命”更为贴切。因此，中国传统的重生主义即是保命哲学。

中国人传统的长寿观念即是这种保命哲学的体现，有关延年益寿的吉祥物也无不带有浓厚的保命哲学基调。

其突出表现则有三个方面，代表性吉祥物各有以下几类：

第一个方面，清心寡欲以求延年益寿，除前文已提及者外，现实生活中常见吉祥物主要还有以下几种：

(1) 长寿菜

在福建和台湾一带，有着春节期间吃“长寿菜”、“长命菜”的风俗。这种菜为多种蔬菜的总汇，其中主要为芥菜、小白菜等。春节前几天，将这些菜水烫之后密封于坛中，食用时烹调加工，伴以细长粉丝。因这个菜肴以绵绵不断为特色，寓意长寿、长命百岁，以此为全家人祝福。

在山东、河南、河北等地，祝寿时也吃一种“长命菜”，但这种菜是有着极强生命力的马齿菜。马齿菜是一种野菜，久曝不死，着地即生。之所以如此，传说十日并出时，羿射落九日，有一日得到马齿菜的保护才得以保存下来，为报马齿菜之恩，太阳赐予了它晒不死的灵气。大概附会于马齿菜的这种特性，民间将其作为祈寿福物。

(2) 羊肉

在陕北、山西、河北、山东等省部分地区，冬至有食羊肉风俗。人们认为，此时的羊肉最好，食后可以强身健骨，恢复元气，对老年人更为重要，可起到延年益寿的效果。因此，冬至日有出嫁女为爹娘送羊肉的风俗。冬至日为长者祝寿风俗在汉代即有，魏晋南北朝时，民间即兴起了献鞋袜拜父拜母风俗。这种风俗的兴起，大概在于老年人多于深冬初春之际去世有关。在古人看来，冬至以后，阴气渐消，阳气即盛，在这阴阳交替之际，老年人难以适应季节的变化而往往早逝。因此，冬至为老人滋补一下身体，即可收到壮阳补阴之效，求取老人益寿延年。而且，“羊”与“阳”谐音，又与“祥”通，因而送羊肉也就含有吉祥寓意了。

虽然，在此仅举两例，但从中可以看出，在传统时代，用于老年人延年益寿的手段同样是低水平的，几种菜蔬即被用于延年，甚至野菜也被作为益寿的吉祥物，这实在是一种荒唐。因此，对于一般农家来说，只有如同孟子所描述的那样，“五十可以衣帛矣”，“七十可以食肉矣”。但是，“人生七十古来稀”，又有几个人才可能享受到那羊肉的“滋补阳气”的清福呢？

因此，吉祥物被较多地运用于祝寿活动中，在带有了浓厚希冀老人健康长寿的同时，肯定还有着重要的其他作用。

第二个方面，热热闹闹为老人祝寿，以享天伦之乐，以达延年益寿之效。在现实生活中，这方面的吉祥物主要有以下几种：

(1) 寿礼

寿礼为祝贺老人寿诞的礼物。通常，人至 50 岁以上，若遇生日，家人必为之做寿，并送一些礼物为祝，意在祝福老人健康长寿。所送寿礼，一般为寿酒、寿桃、寿烛、寿幛等。届时，亲朋好友携寿礼至主人家拜寿，宴饮。寿酒，为寿诞饮品，因酒与“久”谐音，故以酒祝人长寿。黄庭坚有诗即云：“欲将何物献寿酒，天上千秋桂一枝。”因此，桂花酒多被用作寿酒。中原地区多以竹叶青、古井贡、状元红等为寿酒，东北地区以人参酒为寿酒上品，江南多以绍兴老酒为寿酒。凡寿诞之酒，均为寿酒。庆寿时，寿酒必先敬寿星，然后宾客共饮。寿桃多以面粉制成，是传统的祝寿礼物。自汉代即有以桃祝寿之俗，至今依然。其意正如明朱有敦《古今杂剧·蟠桃会》所云：“九天阊阖开黄道，千岁金盘献寿桃。”寿烛为寿诞习俗用品，为红色大型蜡烛，蜡柱上面印有金色“寿”字或“福如东海、寿比南山”等寿联。祝寿时点燃，既有祝贺之意，又有喜庆气氛。寿幛为写有吉祥祝语的祝寿礼品。近来，寿礼内容也发生了某些变化，西方人以生日蛋糕贺寿的习俗也逐渐渗透进寿礼的行列之中。

(2) 寿面

寿面是寿诞习俗的吉祥食品，流行于我国北方地区，即为寿日食用的面条。在我国食品中，因面条最为绵长，故寿日多以吃面为贺，表示延年益寿。在有些地方，寿面要制成3尺长，每束达百根以上，盘成塔形，罩以红绿镂纸拉花作为寿礼，敬献寿星。吃寿面时，儿孙要从自已碗中先挑数根寿面条夹到寿星碗中，俗语谓之“添寿”。同时，要向左邻右舍每户送长寿面一碗，寓意邻里同喜同寿。

(3) 寿肉

寿肉是指寿诞之际的一种贺礼。不过，在北方民间，寿肉一般为出嫁女儿所送礼物。在四川地区，《中华全国风俗志》说：“凡贺寿，亲族用肉一碗，酒一壶来庆。惟婿办鸡一只，酒一壶，布衣一件为祝。”可见，以肉为寿礼因地因时不同。民间寿诞之所以用肉作为贺礼，其因恐怕也主要在于过去老人难得有机会吃上几口肉。因此，亲人以肉为寿诞贺礼来表达孝顺的心意。

(4) 时令鲜果

时令鲜果迎时而下，吃来自然可令人倍感可口。在北方民间，一旦时令鲜果上市，儿女都要买一点奉献给老人。因此，出嫁女儿以时令鲜果为礼物走娘家的现象所在多有。这样一来，在有些地区则把时令鲜果统称为“孝顺果”、“寿果”。虽然这些时令鲜果也不过是“三个桃四个枣”，但老人吃在口里甜在心里，体会到儿女亲情的同时，也驱赶走了心灵的冷漠和孤独。

虽然，在此所列延年益寿吉祥物仅有这样 4 种，但可以看出，热热闹闹为老人祝寿，所表达的不仅是寿诞之际的天伦之乐，而是平日儿女祝福老人长寿健康愿望的积累和集中表示。这种热热闹闹，对于老人来说，则是驱赶心灵冷漠和孤独的最好形式，也是老人平日即想享受天伦之乐的一种渴望和机遇。因此，对于老人来说，所要求子女的不在于酒肉，也不在于瓜果，而是在于亲情。大概正是因为如此，民间俗语才说：“孝不如顺，顺不如哄；待老人如待儿女，哄着老爹老娘欢度晚年。”这大概也是那些“麻姑献寿”类吉祥图案被描述得不着边际的原因吧。

一幅寿星图能激起迈人老境的人扬起生命的风帆，一个面寿桃能唤起年老多病的人燃起活下去的希望之火，何况儿女真诚赡养父母的那颗血红的心呢！

第三个方面，视死如生，慎终追远的孝道观，使中国的丧葬具有了自己特色的同时，也产生了一些看来荒唐但又符合中国传统人生哲学的吉祥物。这类吉祥物所在多有，在现实生活中，主要有以下几种：

(1) 祖宗牌位与传家宝

传统时代，中国民俗观念和信仰的一个重要组成部分是祖先崇拜。这种崇敬心理根源于灵魂不死意识。为使死者的灵魂在冥世中过上安乐日子，人们按照一系列丧葬仪式和习俗对死者尸体进行了处理和保护。这些丧葬仪式和习俗所体现的一个重要观念，同样在于一个“孝”字，即所谓：“生，人之始也；死，人之终也。终始俱善，人道毕矣。……故事生不忠厚不敬文，谓之野。送死不忠厚不敬文，谓之瘠。”（《荀子·礼论篇》）可见，这同样是寿的一种延续，是生的一种再现。

因此，死者虽然已故，但传统观念认为，已故者的灵魂离还活着的生者并不远，其灵魂仍在自己的周围游荡，仍然在呵护着生者及其子孙后代，有降福于生者的神秘力量。而祖宗牌位便是祖宗灵魂所依附之处，是祖宗可以显灵的象征。因此，人们将祖宗牌位视为祖先的化身，不时地予以拜祭。

同时，也将祖辈留下的珍贵物品视为传家宝而予以珍重，是祖先崇拜观念的一个组成部分。这些传家宝有的虽属于一件极为普通的物品，但由于其上凝聚着先辈不同凡响的心血，是先辈高贵品质和优秀人格的象征而被后人所重视，从而代代相传以至于有的成为家庭的保护神。

（2）阴寿寿礼与红轴

为去世者祝寿，称为“做阴寿”，是体现中国传统视死如生观念的又一种表现。阴寿寿礼仪式，一如寿诞，只是寿堂陈设为素色，所送寿礼多加锡箔之类。所送寿轴，亦为红轴，内容多为“仙乡不老，佛国长春”之类，也有仅写一个“庆”字的。红色本为喜气的象征，做阴寿送红轴如同将丧事称为“白喜事”一样，都带有某种吉祥的色彩。这种吉祥色彩不是其他，而是民俗观念认为，死者虽然肉体已经失去了活力，但其灵魂不死，而且灵魂很快即能投胎他处，一个新的生命即将重新诞生。因此，做阴寿和做丧事一样，都要带有点喜庆的气氛和色彩。

仅从上面两例即可看到，在传统观念中，中国传统社会的祖先崇拜，实质上仍然是一种生殖崇拜的再现。对此，众多学者已做过详尽的考证，基本上可成定论。

如此观念，如此信仰，不仅充分打扮了中国民俗吉祥物的多彩寓意，而且使人自身如同农作物一样，走过了一条生根发芽、成长繁茂、结实衰亡的道路之后，又重新开始了这种往复循环，从而又得利用吉祥物来装扮人生之路的一个个台阶，一步步行程。

或许，传统时代“分久必合，合久必分”的历史循环论，即可能来源于这种传统的生生死死、死死生生的人生观。也或许，吉祥物所渗透的一个重要观念即是这种往复循环的人生观。

五　吉祥物的本质及特点

洋洋洒洒，谈了以上那样众多的吉祥物，令人不得要领。那么，吉祥物的本质又是什么呢？它又有何种特点呢？

对此，迄今为止，我们还没有看到这方面的专门性探讨。这种现象正如民俗学本身的贫困一样：仅仅把各种民俗事象予以详尽地搜集、整理、分类，但民俗学作为一种科学，其理论是那样的浅薄和清淡，以至于还没有形成一套完整而严密的理论框架体系。

为此，民俗理论工作者绝不能仅仅满足于对民俗事象的津津乐道，而应该沉下去，立志于这种科学的理论发掘。或许，对吉祥物本质和特点的探讨，应该算作这方面的一点尝试。

（一）是物，是图，还是神物、符号

似乎毫无疑问的是，吉祥物既然被称为“物”，那么，吉祥物的本质不可避免地隶属于物质的本质范畴，吉祥物本身也要被列入了物质民俗之列了。但问题即出在这个“一叶障目，不见森林”的“物”上。

所谓物质民俗，著名民俗学家陶立璠先生认为“是指在人们的日常生活中，那些可感的、有形的居住、服饰、饮食、生产、交通、工业制作等文化传承。”而且，他在将民俗事象分类时，归结为物质的、社会的、精神的三大类民俗。①

谈到民俗分类，在民俗学有关著作中更是一个乱得不能再乱的问题。被誉为民俗大家的乌丙安先生将民俗事象划分为经济的民俗、社会的民俗、信仰的民俗、游艺的民俗等四类。② 被誉为民俗圈内后起之秀的陈勤建先生则将民俗事象分为有形物质民俗、人生社会民俗、心意信仰民俗和游艺竞技

---

① 陶立璠：《民俗学概论》，中央民族学院出版社 1987 年版，第 91 页。
② 乌丙安：《中国民俗学》，辽宁大学出版社 1985 年版，第 238—354 页。

民俗等四类。① 如此等等，不一而已。

如果有人要问，物质的民俗、精神的民俗是不是社会的民俗？或者，经济的、信仰的、游艺的、物质的民俗又如何同社会的民俗加以区分和界定？那么，以上分类显然是不能予以准确回答的。

因此，民俗事象的分类应该有一个新的方法，否则，难以给民俗吉祥物的本质予以恰当的界定。

我们认为，民俗吉祥物既然是一种原生态文化，那么，就应该从人类文化的广义概念上去给民俗吉祥物寻找一个合适的位置，从而为其本质的准确界定提供一个必要的前提。

关于文化的广义概念，同样是一个没有确定的问题。通常的解释是，文化"从广义来说，指人类社会历史实践过程中所创造的物质财富和精神财富的总和。"② 这种解释似乎也有缺漏之处，这是因为，文化仅指物质和精神两个方面，那么，人类的行为，即人类创造精神和物质财富时的"人类社会历史实践活动"将属于何种文化？因此，关于广义文化概

---

① 陈勤建：《中国民俗》，中国民间文艺出版社 1989 年版，第 131—206 页。

②《辞海》缩印本，上海辞书出版社 1980 年版，第 1533 页。

念的研究，有的学者所提是较为贴切的：“文化是人的非动物性（或非生理性）组成部分”，“是物质进化的产物”，“是自然界的进一步发展”，“可以从文化要素的不同上把文化划为三大类，即意识文化、行为文化、物质文化”，“在意识文化中，意识是占主导地位的因素，物质处于被支配的地位，为意识服务。……一件物质文化产品则恰巧相反，它的功能作用全是物质性的，其意识性只表现为该产品是按意识要求制作和运转的。在这里，意识是为它的物质功能服务的，它的物质性占了主导地位，以至难以看到其中的意识性。……行为文化……是因为它受意识调节并作为意识的外化而存在，……还在于它具有同等重要的物质因素，是一种可以看得见、摸得着的事物，……以其浓厚的意识性和坚实的物质性并重的状态而存在。在行为文化的两端是意识文化和物质文化，意识文化通过行为文化向物质文化转变。”① 这种观点是非常有见地的。

从此种观点出发，民俗事象可以被划分为物质民俗和行为民俗、意识民俗三大类。运用排除法，吉祥物显然不属于

① 韩民青：《文化论》，广西人民出版社 1989 年版，第 10—103 页。

行为民俗之列，因为它不带有人类活动的色彩。

但是，如果将民俗吉祥物划入物质民俗之列，同样有着难以解释的一些问题。例如，吉祥图案的属性问题。吉祥图案，是指流行于我国的一些表示吉庆祥和的图案。它体现了中国人趋吉避凶为上的传统思想，其表达往往选取多种实物或故事为依托，以谐音、附会等手法为联系，将客观事物作为象征。可见，吉祥图案是属于艺术范围内的文化。

而艺术是一种用语言、动作、线条、色彩、音响、造型等不同手段构成的以反映社会生活的文化。任何一件艺术品都可以被分解为两个方面，一个是其外在的物质性方面，另一个是其内在的意识性方面。艺术品不是可以抽象的观念，而是在人的意识之外有着可以欣赏的感性的物质存在，绘画、音乐、雕塑、舞蹈、戏剧无不如此。因此，艺术往往容易被人认为是物质文化。这就是说，艺术品不仅是由一定物质材料构成的感性文化，而且总是体现着意识性的东西。因此，作为与艺术有着相同特征的隶属于吉祥物范畴的吉祥图案，绝不应列入物质民俗系列而应归于意识民俗范畴。

或许有人说，吉祥图案之所以出现，是因为“吉祥物由于其大多不易以实物形式来表现，故而常以吉祥图案的形式出现。"[①] 这种认识显然将吉祥物的形成过程予以了颠倒。吉祥物是体现吉祥观念和信仰的事物，是吉祥观念和信仰的载体。这种吉祥观念和信仰即是一种征兆意识，而绝不是一种具体的客观实在。例如，喜鹊作为一种吉祥物，并不是喜鹊这种具体的实在，而是人们将喜鹊的出现作为喜事临门这一征兆的外化。这种征兆意识的外化，可以是喜鹊的实在，也可以是喜鹊的图案，无论是图案，还是实在，都体现和反映了艺术品不仅是由一定物质材料构成的感性文化，而且总是体现着意识性的东西这一根本属性。这正如黑格尔《美学》所说："艺术把它的每一个形象都化成千眼的阿顾斯，通过这千眼，内在的灵魂和心灵性在形象的每一点上都可以看得出。"因此，吉祥所指是一种征兆，吉祥物所指则是体现吉祥观念的事物。这样，就形成了具体事物产生了吉祥征兆，吉祥征兆形成了吉祥观念和信仰，并由此而形成吉祥物的一系列递进过程，而绝不是具体事物产生了吉祥征兆，这种能产生吉祥征兆的具体事物即是吉祥物的逻辑推理过程。因此，吉祥物属文化范畴，而具体事物则仅是自然物而已。由此看

① 乔继堂：《中国吉祥物》，天津人民出版社 1990 年版，第 89 页。

来，吉祥图案即是吉祥物。

就吉祥物所具有的物质因素和意识因素的作用而论，它的意识因素是内容，而它的物质因素仅是个形式而已。吉祥物的物质性并不能满足人们的精神需求，人们仅是以吉祥物的物质形式来显示其意识内容，并以此来满足人们的精神需求的。例如老虎，即使人们有力量和办法可以“以实物的形式来表现”老虎所具有的吉祥观念，恐怕穿虎头鞋的孩子早被吓死了，自虎头牌下进入大门的人们也半数吓个昏。这样，虎不仅不是什么吉祥物，反而成为专吃路过景阳冈行人的大虫了。因此，类似镇宅用的雕饰及孩子们所穿虎头鞋、所戴虎头帽等吉祥物，就其物质形式和意识内容相比较而言，占主导地位的是后者而不是前者。这样，我们完全可以有理由认为，吉祥物不属于物质民俗而属于意识民俗。

恐怕，表面上看来，将吉祥图案、剪纸、绘画、雕刻等吉祥物归类于意识民俗尚情有可原，若将以客观存在自然物为附会的吉祥物也说成是意识民俗，即很难让一些人苟同了。

不错，以自然物的自然属性为基调，经过人类的延长引申、附会假借等手段予以改造之后而形成的吉祥物，确实具有物质民俗所具有的“那些可感的、有形的”特征，也貌似符合有的学者给吉祥物所下的定义：“所谓吉祥物，就是能给人带来好运、防止厄难的东西。”①

但是，认真分析这些所谓具体实在的吉祥物，我们便发现，没有任何一种自然物不是经过人为的打扮，即经过吉祥观念和信仰的人为充实之后而成为吉祥物的。这就是说，这些吉祥物已并非原有的客观实在，而是人为观念的物化。

而且，更为重要的是，以自然物为依据的吉祥物也绝不是自然物本身。这是因为，被视为吉祥物的自然物，无论人们如何说这个“东西”就是吉祥物，但它仍不是物质性占有着主导的地位，其物质性仅是为意识性服务的。而其意识性，即吉祥物所具有的民俗吉祥观念和信仰则是占主导性地位的决定因素，物质性则处于被支配的服务性地位。例如，竹被作为吉祥物，其原因一在于“竹”字谐音“祝”，故有“华封之祝”等吉祥图案；二在于竹子四季常青，故与梅一起被用于祝福婚姻美满；三在于竹节挺拔，故被用于形容高尚人格。这三种原因所形成的仅是三种观念，皆是意识因素性质。因

① 房松令：《中国民俗中的崇拜》，沈阳出版社 1991 年版，第 247 页。

此，即使“宁可食无肉，不可居无竹”那样看重竹，也仅仅是以竹为载体、为象征、为躯壳、为代表物而制造的一种艺术氛围而已。在此，物质形式本身固然很重要，但更重要的是意识内容，竹所具有的物质感性形象性，使有关竹的吉祥观念和信仰得以充分地体现出来。因此，我们完全可以这样说，凡是以客观事物为吉祥观念和信仰载体的吉祥物，无一例外的是一种朴素而原始的人为雕塑品，其性质都属于意识民俗。

吉祥物作为意识民俗，不同于其他意识民俗的地方，在于它是以形象为意识形式的民俗，而其他意识民俗则是采用逻辑为意识形式的民俗。例如，小儿“洗三”时的添盆民俗，有的地区以铜钱为吉祥物，有的则以金银饰物为吉祥物，但这两者都寓意小儿长大能有钱花，丰衣足食。而有的则以石头蛋或鸡蛋为吉祥物，认为这样能免除疮疖，确保孩子长得圆头圆脑，壮壮实实。有的则什么吉祥物也没有，干脆没有添盆仪式，仅在洗时说些吉利话而已。这表明，吉祥物所表达的主要在于寓意，是以形象为意识形式的民俗。相比之下，如果把铜钱和金银饰物作为随葬品，那么它则是采用逻辑形式的意识民俗了，所体现的不是其他，而是视死如生的孝道观。这表明，吉祥物民俗是在教导着人们应该如何做才能求得人生的最美好，而其他民俗则规范着人们必须这样做。虽然，两者都体现着一种规范性，但所反映的则是民俗规范性的两个不同侧面。

正是因为吉祥物具有了应该这样做才能求得人生最美好的特色，才使其与神物有了一定的区别标准和依据。在谈到神物与吉祥物的区别标准时，有的学者指出："神物崇拜和吉祥物的区别标志是崇拜与非崇拜。"① 这种认识确是很有见地的。同一种民俗事象，既可作为神物，又可作为吉祥物，具有两个方面的特征。例如龙。龙在古代主要被人们作为一种神物，因而在各地有着众多的龙王庙而受到人们的崇拜，人们在舞龙灯时要祭祀龙，在祈雨时要祭祀龙。但有时也被作为吉祥物，于是人们用面粉做成龙的形象放到粮囤中和米缸面瓮里，寓意风调雨顺，五谷丰登；给男孩子起名也多叫什么龙，甚至将日常所用物品也称之为"龙爪钩"、"龙头拐杖"、"龙须菜"、"龙骨车"、"龙眼"、"龙井茶"、"龙爪槐"等。如此现象，显然对龙这种神物大有不敬之处，但作为吉

① 庞烬：《龙的习俗》，陕西人民出版社 1988 年版，第 1—2 页。

祥物则又反映了人们对于美好愿望的一种追求。因此，当时代的发展使龙的神物色彩越蜕化越稀少之际，进入现代社会之后，龙主要作为吉祥物而被寓意为腾飞、升腾、振奋、变化的象征了。

这样一来，对吉祥物王国中的一部分，如神人及宗教性图符等，其属性即可给予双重解释，即这类吉祥物具有神物与吉祥物的双重身份。作为神物，神人是我国传统时代神王国中不可缺少的组成部分；作为吉祥物，则是民间驱凶辟邪、追求美满的象征。而宗教性图符，如太极图、八卦图等，虽是宗教思想的产物，但被民间所采用为吉祥物，则寓意太平吉祥，变为一种符号、一种象征了。

总之，吉祥物就是吉祥物。吉祥物有别于神物的，在于其非崇拜性；吉祥物有别于物质民俗的，在于它并不是实实在在的，而是一种图案，更确切地说应是一种象征、一种符号。吉祥物的本质属于意识民俗，实际上是人类美好愿望的一种象征和符号。由此看来，应该将吉祥物的名字改为吉祥符号。

不过，为照顾习惯称法，还是称为吉祥物的好。因为，这种称法的本身即是一种民俗事象，是一种传统。何况，即使被称为吉祥符号，符号本身即是一种事物，是一种意识文化的产物。

（二）呕心沥血的推己及物

吉祥物所具有的意识民俗的本质和吉祥符号、吉祥象征的实质，必然导致了这种意识文化产物带有着推己及物的特色。因此，自由联想，自由类比，毫无顾忌地将人类的抽象感情寄托于可寄托或不可寄托的一切事物身上，借物以言志，缘物以寄情，既是吉祥物被创作和形成的一种手段与途径，也是中国吉祥物的一个重要特点。

幸好，中国人有这种天才，也有这种传统。这种传统，在中国古代哲学中被称为“推己及人”或“推己及物”，在中国古代文学艺术中被誉称“用典”和“借喻”，在现实生活中则被称为“指桑骂槐”和“指东打西”。甚至，连骂人也不直来直去，实在骂出了水平，骂出了艺术。这些都表明，象征比喻手法和“推己及人”、“推己及物”式思维方式，确实已成为我们这个民族的一种文化特色而深深地在这块国土上打上烙印。

我国传统文化的这种特点，应该起源于远古时代的人类意识。在很长的一段时间内，人类曾生活在一片混沌的大同世界之中，他们曾天真地认为，世界的一切，包括人在内都不过是支配世界的那个无处不在的同一个精灵的不同附体，人和所有的物都处于绝对的平等地位上，人、树、虫、兽、鱼虽都有着各自不同的具体的形体，但都具有共通的灵魂，因而人可比附于物，物可推及于人，人与物之间是可互通的。这种有关类的无知无觉，为后世象征比喻手法和“推己及物”思维方式的产生奠定了最早的基础，提供了最肥沃的土壤。

后来，类意识的产生为吉祥观念和信仰的出现提供了不可缺少的动力。类意识是人的头脑对客观物质世界进行不同种类区别的一种反映，是人类脑力发展到一定程度的产物，也是人类将自己同动物区别开来的标志。类意识的出现，使人类摆脱了仅是求同而不去求异的原始宇宙观的束缚，发现了自我的同时也开始探讨“顺己”与“异己”的问题。这种探讨的第一个结果，导致了自然崇拜的产生和形成。关于“顺己”与“异己”的思维所引起的自然崇拜观念，在古代祭祀中表现得极为清晰。对此，《国语·鲁语》说：

“……加之以社稷山川之神，皆有功烈于民者也；及前哲令德之人，所以为明质也；及天之三辰，民所以瞻仰也；及地之五行，所以生殖也；及九州名山川泽，所以出财用也。非是，不在祀典。”

在此，古人对大自然崇拜的原因被披露得清清楚楚，即自然对人有用处，人们才去崇拜它。可见，人类祭祀也太有点庸俗实用主义味道了：凡对自己有用者，即拜；否则，不拜。

不过，应当注意的是，人类对于大自然的崇拜，表现的是对大自然力量的崇拜，而这种力量对人类往往产生了两种结果，表现为“顺己”和“异己”的两种力量，即某一自然事象对人类的生殖、财用和需求能带来满足时，它是“顺己”的力量；否则，它就是与人类对抗的“异己”力量。然而，不管是“顺己”力量，还是“异己”力量，对于远古人类来说都是不可能左右的力量。因此，远古人类的崇拜不仅呈现为泛自然神的崇拜性质，而且这种自然崇拜从一开始就呈现为两种色彩：一种是喜庆基调，一种是畏惧韵味。表现为畏惧韵味者，是“异己”力量所使然，其后来发展升华为各种宗教。反映为喜庆基调者，是“顺己”力量所支配，其后来发展升华为吉祥信仰和观念，并由此产生和形成了吉祥物。

在世界范围内，有一种有趣的现象很值得人们思考。这就是，凡是一神教信仰较为盛行的地区，其吉祥物表现得较为单一，大都与所信仰的宗教和这个地区流行的一些传说有关；而一神教信仰淡化的地区，其吉祥物庞杂，来源不一。我国自然属于后者。

这种现象似乎不难解释。这是因为，凡是一神教流行的地区，“主会赐福人类”的观念深入灵魂深处的结果，不仅摧毁和窒息了人们向吉祥物祈求幸福美满的行动和心愿，而且连一神教盛行之前已有的吉祥物也大都被扫荡殆尽了。因此，人们的观念和信仰只能围着主的意志转，吉祥物也大都是与主有关的一些事物了。因此，西方人异常忌讳“13”这个数字，因为那就是最后晚餐上的告密者。这就是整个中世纪欧洲人靠着一部《圣经》和亚里士多德的《历史》生活的结果，一个令人感到窒息的结果。

但是，中国则不然。虽然，佛教在我国古代也曾一度盛行过，但是，佛教并没有从根本上摧毁和窒息中国的儒学，相反却被中国的儒学从骨子里进行了一番改造而变成了中国式的佛教。中国儒学的核心不是其他，而是以生殖理论为基础建立起来的一个庞大的社会伦理体系。这就是所谓的“天地氤氲，万物化醇；男女构精，万物化生”；(《易·系辞下》)“独阳不生，独阴不成。故有天则有地，有日则有月。男女之义，婚姻之礼，天地之道，人伦之本也。”（〔宋〕孙觉：《春秋经解》）在这里，儒家将人类的生育作为最基本的立论依据和出发点，通过一系列依附类推的功夫，建立起生育哲学和社会伦理体系的同时，也把人的自我精神寓于了大自然之中，从而使中国的传统文化更具有了原始物道主义色彩。原始物道主义是人类刚刚从自然界分化出来不久时期的一种哲学观念。这种观念认为人与自然水乳交融，各种自然物都是有生命的物体，都能对人类带来一定的影响。在漫长的传统社会中，“天人感应”儒学之所以长盛不衰，一个根本的原因便是民间原始物道主义自然观流行这个必要社会前提的存在。

在远古时代，我国曾存在着“垂死化身”类传说：

> 首生盘古，垂死化身。气成风云，声为雷霆，左眼为日，右眼为月，四肢五体为四极五岳，血液为江河，筋脉为地里（理），肥肉为田土，发髭为星辰，皮毛为草木，齿骨为金石，精髓为珠玉，汗流为雨泽，身之诸虫，因风所感，化为黎甿。（《绎史》卷一引徐整：《五运历年纪》）

这种传说的核心即是原始物道自然观，所表现的便是包括人在内的一切自然界的事物都是有生命的，都拥有着不死的灵魂，这种认识来源于初民对周围事物的天真观察和想象。在他们眼中，太阳于每天晚上死去，早晨复活；月亮于白天死去，晚上复活；花草树木于冬天死去，春天复活……不仅如此，而且还能互相转化。种子变成幼苗，幼苗长大又产出更多种子；圆圆的蛋可生出鸡鸭，鸡鸭又产下更多的蛋……如此等等现象，不仅导致了灵魂不死观念的产生，而且导致了初民的自由联想，自由比拟，自由移情，自由发挥。自由到最后的结果，便是天人合一观念和思维方式的形成与定格。中国古人治学多为通学，谈禅则担水劈柴皆有佛理，论道则柳枝桃木全有道行，一切都表现为日印万川的特点。同样，吉祥物的产生也不例外。

灵魂不死的观念在世界各个古老民族中都曾经存在过，为什么有些民族却有着不同于中国的吉祥图案类吉祥物呢?

有一个传说很能说明这个问题。据说，作为穆罕默德信徒的土耳其人是不允许有图画的。有一次，英国探险家詹姆斯·布鲁斯到阿比西尼亚游历，拿出一幅鱼画给当地土耳其人看，结果那个人异常气愤地说，如果到最后审判的时刻，这条鱼站起来控告你只给它造了一具尸体，而没有给它一个灵魂，你将如何为自己辩护呢？因为先知已说过："这些图画到了最后审判的日子会起来控诉创作他们的人。”

这个传说不仅反映了初民所具有的那种天真的自然观，而且说明不同的信仰和风俗习惯乃至思维方式是导致不同的吉祥物出现的根本原因。因此，要么将活着的被认为有着具体形象的自然物作为吉祥物，要么即将经过艺术加工的渗透着人们思维意识和观念信仰的自然物的升华物作为吉祥物。创造吉祥物的手法只有这两种。显然，中国吉祥物的创造属于后者而不是前者。

在这种吉祥物的创造过程中，中国所具有的天人合一观念和综合思维方式又一次发挥了重大作用。既然“天人合一”，由人即可推及万事万物，这样，到最后，世界上的万事万物都被注入了人的观念和信仰，从而也具有了人格化的精神乃至表情，使自然界的山水风物、花草虫鱼都涂上了一层主观色彩的同时，也使人与万物、万物与人浑然一体了。例如中国特有的国俗十二生肖，便是物我一体观念的体现，也是在“人们亲近某类动物，并习惯借它的称谓命名的基础上，与人们在生产实践中萌发的另一个计时习俗，十二为一循环轮回的历法计数习尚相互交融、重新结合的结果。"① 现在，十二生肖被人们作为吉祥物，年年有新花样，岁岁有新吉祥，"虎年吉祥"，"牛年吉祥"之类的提法不绝于新年来临之际，同样也让人感到有一种物我一体的气氛和幽默。

吉祥物所表现的物我一体的观念再明了不过了。但是，人们是如何实现将自己的感情转移和寄托于外界事物之上的呢？寄托和转移的感情又是什么呢？

对此，著名画家齐白石老人曾说过一句话："客谓余画观音大士，何以美丽而慈祥？余曰：须知大士即吾心也。"可见，中国画的创作是作者自我精神和感情的宣泄，是"吾心"的表白。那么，吉祥物同样是中国民众的自我精神和感情的宣泄，是"吾心"的表白。

这个结论似乎太简单太概括了。但事实上正是这样简单而概括的道理却成了中国吉祥物的全部精神支柱，支撑起了中国吉祥物民俗文化的宏伟大厦。

至于如何实现这种"美即吾心"的感情转移，伯牙学移情的传说则很有启迪。传说，春秋时学弹琴的伯牙向他的师

---

① 陈勤建：《中国民俗》，上海民间文艺出版社 1989 年版，第 83 页。

父请教如何将感情移于弹琴之中，他的老师说我教不会你，但我的老师方子春能教你。于是，伯牙到蓬莱山向方子春拜师，但方子春不在。不过，伯牙看到了大海，大海那波涛汹涌的气势，与蓬莱山树林那杳冥幽深的静谧，树林中鸟儿那回转欢快的鸣唱，使他心有灵犀，顿有所悟而高兴地说道："先生移我情矣！"可见，音乐创作的规律首先是自然作用于人，然后是人反作用于自然，是自然启发了人类的情感，人类为自然注入了精神意识。那么，吉祥物同样是中国民众感于自然，又移情于自然，使自然成为表白"吾心"的载体、符号和凝固的音乐、定格的诗篇。

谈到诗，不免使人想到了中国古代诗歌创作惯用的"赋、比、兴"这几种手法，即所谓"诗六艺"当中的三艺。同"比、兴"相比，"赋"的手法对后世文学影响较小，并被改头换面而变成了一种文学体裁。但"比、兴"却大倡其道，成为后世诗歌创作司空见惯的手法而令人感到有点厌倦。作者托物起兴，借物抒情比比皆是，常见的主题无非是懒梳妆、上高楼、倚栏杆、衣带宽、人消瘦、对花泪、对灯愁，……如此等等，很难说有几个人是在真正的哭，真正的愁，几乎统统都是在无病呻吟，已经完全丧失了《诗经·郑风·溱洧》

中“溱与洧方涣涣兮，士与女方秉兰兮”那种古朴而清新的比兴滋味。不过，如此“比、兴”手法的被广泛使用，却造就了屈原寄情于香草、陶渊明托物于秋菊、王维笃意于青山绿水、李商隐忘怀于春蚕老牛等无数特色独具的诗坛巨匠，写尽了祖国的千山万水、一草一木的同时，也把人间的千情万绪附会和寄托到那花那草那竹那木那禽那兽的身上。这样，使真实的我在外部世界的事物中寻找到了一个个与之对应的外在的我作为寄托，成为一个个理想的我，一个个变形的我。这大概即是中国古代诗的优美之处，也是中国吉祥物的优美所在吧。

但是，与诗歌相比，中国吉祥物所运用的“比”的手法更为原始、古朴、纯真和大胆，甚至要比我国最早的诗歌对于“比”的手法的运用还要坦诚和直率。《诗经·周南·关雎》开篇即说：“关关雎鸠，在河之洲。窈窕淑女，君子好逑。”这里头一句是“兴”，同时也隐寓着“比”，托物起兴，借事抒情，直率而坦白地表明了作者的心情。但到后来，这种“比、兴”手法在中国传统诗歌中被格式化、神圣化了，变成了一种为美而美的纯文学艺术表现形式。相反，吉祥物的创造却使这种“比”的原始风貌得到了继承和发扬。不是嘛，以竹为“祝”、以鸡为“吉”、以“佛手”而为“福”，这些“比”的手法在以美为尚的诗歌中永远也不会有，虽然显示着思维的低水平，但也令人爱得可以。不过，对于这种人类童年式的“比”的手法，那些文人墨客们一看即能懂，只是他们认为太俗不可耐，太令人感到低水平而不屑一顾罢了。但正是这种俗得不能再俗的“比”，才使中国吉祥物具有了令人不可思议的神韵和情调，成为中国吉祥物民俗这种传统文化的源头之一。

运用“比”的手法创造吉祥物，所利用的表现方式主要是模拟自然物。凡是自然界中存在的一切对人类有用处的“顺己”事物，都被纳入了吉祥物创作的视野之中。大到泰山，有“泰山石敢当”的产生，小到蜘蛛，有“蜘蛛兆喜”的俗信存在。无论大或小，无论俊或丑，凡对人类直接有利的自然物，都被搬进了创作室，经过注入自我精神之后便成了吉祥物。这种状况正如人们形容花灯的造型一样：“花灯形象三百三，禽兽妖魔龙鱼猴，日月风雪雨花木，精造花灯不用愁。”这再一次表明，“比”的手法即是象征，是以物来比喻人的感情、愿望、向往与追求。在此，物仅是躯壳而已，而使吉祥物有着旺盛生命力和感染力的则是人的自我精神，是人的吉祥观念和信仰。

运用“比”的手法来创造吉祥物，在其创造过程中，自然要受到“物”的约束。在吉祥图案中，既有一种儿童绘画时的那种简单的直白式的写实风格，又有中国传统画那种不讲究形似而讲究神似的韵味。例如，河北民间剪纸吉祥图案“福猪拱门”（图 45）。其构图是那样的简单、直率，一只喜鹊、一头猪、一个聚宝盆、一座门楼即代表了农家祈求富足的心愿。但其构图却不讲究比例的科学，这头拱门的猪比所拱的门还大，何况背上还驮着高高的聚宝盆，因而即使是拱开门也不能将象征财富的聚宝盆弄到家中。但正是这种形的

图 45　民间剪纸“福猪拱门”

不似，却更加突出了神似。猪被作为财富的象征，历来被农民视为聚宝盆，因而肥猪拱门，自然由喜鹊来表达欢天喜地的心情，报告富足的喜讯了。如此吉祥图案，简单、直白，既有“比”的象征之美，又有人情宣泄的自然之美，实在令人感到纯朴而可爱。

总之，吉祥物是“比”的产物，是源于自然且高于自然的结晶，是人类呕心沥血，想尽办法“推己及物”的一份杰作。这，便是中国吉祥物的一大明显特征。

（三）人欲宣泄的含蓄与疯狂

虽然，未经筛选和分化的原生态信仰对于吉祥物文化的形成有着装饰和打扮的色彩，从而使吉祥物民俗文化具有了混沌的基调和内容。但是，这种未经分化的原生态信仰在与吉祥物结合时又呈现为何种特征呢?

不妨先分析一下吉祥物的内容特色。固然，各种吉祥物所表达的内容都体现在“吉祥”这两个字上。但是，若将吉祥物表达吉祥观念时所带有的感情色彩加以区分，便不难发现，吉祥物在表达福禄寿喜财等主要吉祥观念和信仰时，正像中国人所具有的性格一样，一种是含蓄曲折得要命，一类是直率疯狂得可爱。在此，试举几例：

在众多吉祥物图案中，曲折含蓄者莫过于“八卦图”。此图寓意深刻而丰富，古人常以其作为除凶辟灾的吉祥符，曾被广泛运用于实物、建筑、什器和衣物的装饰之中。八卦图源于《易经》，由八卦符号和太极符号组成，一般为八角形，八等分后每个部分各绘一种八卦符号，中绘太极符号。（图46）太极意为原始混沌之气，是万物万象的根源。八卦由“—”、“——”两种基本符号组成，前者为阳，后者为阴。“负阴抱阳”为“太极”一元之气，是宇宙生成的原理。这便是《易经》所要表达的宇宙生成观。《易经》原仅是一本用于占卜的卦书，只因其中谈到了一些朴素的哲学思想而为后世学者所重视。八卦图也经过后世的不断打扮，而由卜卦的工具变为了驱凶辟邪、趋利向善的吉祥符。宋代，周敦颐兼采道家象征之说，作“太极图”，体现的仅是“太极生两仪”的内容。（《易·系辞》）现在所见太极图由一阴一阳，形似游鱼的图案组成。（图47）如此图案作为吉祥物，实在含蓄而抽象，让人难以一眼看清其含义。

图 46　八卦图

图 47　太极图

与此相反，大多数吉祥物的表意浅显而直露，让人感到有点可爱的直率和疯狂。例如“吉祥如意”图案，为一头老象，背上驮一肩扛如意的童子。此吉祥图案仅一字“象”与“祥”谐音，而让人感到写意直率明了，和蔼可亲。再如传统福字帖“日进斗金”，用 4 个汉字通过巧妙安排组成吉祥图案，既是吉祥祝语，又是吉祥物品，实在坦率得可以，也疯狂得可以。试想，在传统时代，即使为西晋时代相互斗富的石崇与王恺那样的豪强大族也不可能“日进斗金”，何况糠菜半年粮的小农之家了。但这样的吉祥物几乎无论穷富，各家都贴，甚至现代的一些汽车上也有了以此种吉祥物作为饰物的现象。民众对吉祥物这种有点失去理性的痴迷态度，实在是一种有意思的现象。

很显然，吉祥物民俗文化所具有的这种既曲折又直率、既含蓄又疯狂的矛盾格调，体现和反映着中国传统人生哲学的气息，指示和展现了中国传统哲学对民俗文化的制约和支配作用。

从文化学的角度考察，中国传统哲学的主要内容所体现的，实际上是做人的哲学、治世的哲学和保命的哲学。至于世界是如何来的，如何去认识世界和改造世界，如何去发展历史和推动历史前进，则很少有人过问。年复一年，代复一代生活在自给自足的自然经济中的中国人似乎有一种天生的义务感，觉着上苍既然赐予了我这个血肉之躯，我活着就应该好好地活着。他们感兴趣的不是为什么活，而是应该如何好好地活。

因此，在两千多年前，著名诗人屈原出于对人生的疑问，写出了名著《天问》，从太古的混沌问到了天地日月，一直问到皇天帝后，体现了早期个性诗人的探索精神，反映了中国人自我意识苏醒时人们普遍存在的好奇心和求知欲。但是，对于这样一些重要的哲学思辨，后来的中国人没有回答，更没有探索。屈原去世的一千多年后，唯物主义的儒学家柳宗元才回答了先哲的提问，写出了《天对》。只是，这《天对》实在低劣得很，绝不可能与《天问》相匹配，其中所回答的满篇皆是：神话传说荒诞不经，《天问》问了那么多毫无意义的问题，是在浪费精力，实在还不如想一想如何好好地生活，如何好好地治家报国，如何成为一个道德至尚的人。显然，柳宗元的观点是错误的。但中国确有那么一些人照柳宗元的话做了，郑板桥即算其中的一个。只是由于哲学的贫困和偏颇，清官、才子郑板桥活来活去也只能留下了貌似高明的人生遗憾："难得糊涂"。

为了做人，孔子提出了一个意念包括异常丰富内容的"仁"字。这个"仁"字要求人们克己复礼，相敬相爱；要正名分，守礼仪；要敬老爱幼，忠信诚实；要摒弃私心杂念，一心一意维护自己所处的家，所在的国。这样，即一方面要求人们主动端正修养态度，以"诚意"去"正心"，以便于去承担"修身齐家治国平天下"的重任。另一方面，则要求人们"寡欲"、"去欲"乃至"灭人欲"。孔子虽不是个禁欲主义者，但谈到仁义道德时，即将人欲摆到了对立面上去。他主张："君子食无求饱，居无求安，敏于事而慎于言。"（《论学》）这就为后世思想家们提供了道德与欲望绝对对立思想的出发点。

不过，先秦时，儒家对欲望的要求仅仅达到了主张"寡欲"的高度。孟子在谈到"食色，性也"的同时，主张："养心莫善于寡欲。其为人也寡欲，虽有不存焉，寡矣；其为人也多欲，虽有存焉者，寡矣。”（《孟子·尽心下》）之所以要求人们寡欲，老子的话道出了其中的奥妙：“圣人之治，常使人无知无欲。”

到程朱理学问世之后，佛道的禁欲主义被融进了儒家说教之中。宋代程朱理学的理论基础即是带有僧侣主义的人性论。在他们看来，人性可以分为天命之性和气质之性两种，天命之性就是包括仁义礼智信等内容的人所具有先天的道德感，就是所谓的“理”；而气质之性则是七情六欲，是妨碍人们实现天命之性的大敌。因此，二程提出了著名的“存天理，灭人欲”的主张，认为“灭人欲，存天理”是达到仁的境界的根本途径：“人欲肆而天理灭矣”，（《辨言》）“灭私欲，则天理自明矣。”（《遗书》）二程之后的朱熹是存理灭欲的最极端主张者，提倡要把大大小小的一切欲望都彻底打扫干净：“克得那一份人欲去，便复得这一份天理来。克得那二份已去，便复得这二份礼来。”（《朱子语类》）至此，儒学已完全进入了儒教阶段了。

大凡世界上的事情总是这样：人类的正当欲望是任何说教都不可能禁止得了的；越是采用高压的政治手段和愚昧的

宗教教义来压制和剥夺人类的正当欲望，这种欲望则表现得越为强烈；其表达和宣泄的方式则呈现了截然不同的矛盾特点，有时含蓄曲折得要命，有时则达到了矫枉过正的地步，从而表现为既有可爱的曲折与含蓄，又有可爱的直率和疯狂的矛盾特色。吉祥物民俗所带有的直率与疯狂并存特色，便是这种中国传统人生哲学压制下的一种反映。

吉祥民俗文化所表达的人类欲望的主旋律确与中国传统哲学所提倡的“圣人之性”有着众多的抵牾之处：先哲们说“君子喻于义，小人喻于利”，吉祥观念却把发财列为其主要内容之一；传统伦理学最忌讳“情欲”，一个“淫”字足让儒道佛之家吓个半死，但是，吉祥物却把娶老婆、生孩子表现得淋漓尽致；传统宿命论大讲“富贵在天，死生由命”，然而，吉祥观念却那样看重长命百岁、寿比南山；传统哲学观念那样钟情于独善其身，清高出世，相反，吉祥信仰是那样强烈地追求禄位官阶、进士及第。如此等等，不一而足。

这些矛盾之处，既表现着吉祥物带有人欲横流的特点，又反映着中国传统哲学与吉祥观念和信仰存在着一定的距离。

不过，令人深思的是，中国传统哲学与吉祥信仰和观念所存在的矛盾之处仅表现在如何做人方面，而与传统哲学所包括的如何治世、如何保命这两个方面则是相一致的。这是因为，中国传统哲学体系异常缺乏丰富而深刻的本体论和认识论的内容，其内容在很大程度上是教人如何做人、如何治世、如何保命。因此，在古代，许多哲学著作都被用来当作教科书，说教的色彩极浓，说教的内容也无外乎“修齐治平”。但是，至于说教的对象，则有着平头百姓与君臣官吏之别了。对于普通人来说，如何做人即在于如何做一个于家于国尽孝尽忠的顺民。对于统治者来说，则在于如何“治人”，如何“牧民”了。这样，中国传统哲学则为人欲的横流和宣泄留下了一个缺口，使普通人在“治人者”与“治于人者”之间求得了一个可以随意发挥的“家”。

而且，从“修齐治平”的排列顺序上看，“家”还在“国”与“天下”之前，仅排在“身”之后而列第二位。对于自身，传统做人哲学的长期熏陶使中国人养成了西方人不可理解的性格。“己所不欲，勿施于人”、“吾日三省吾身”的内省功夫，使中国人变得那样内向和内秀。其实，与其说是内向、内秀，还不如说是自我欺骗、自我安慰、自我压抑。长期自我欺骗、安慰和压抑的结果，使人们难以看到大胆而直率的内心表白和宣泄，而往往求助于借物抒情的方式含蓄而又曲折地表达自己的内心世界。想爱不敢爱，于是不得不借助月下老人、鸳鸯、合欢等实在的和不实在的事物去表达自己那痛苦的心情。这样，就使众多客观事物成为吉祥物用来宣泄那被压抑得过了火的心的媒介。

至于家，因被圣人列入了可“齐”之列，并被作为可以参与“治国平天下”的前提和资格，从而导致了人们可以直率地表明发家创业的心迹了。对此，《大学》即说：“心正而后身修，身修而后家齐，家齐而后国治，国治而后天下平。”可见，齐家在“治国平天下”之中的地位之重要了。秦汉时代，治家如何便被作为官吏选拔的标准，举孝廉的实施即在于以家庭秩序的维护是否符合“孝”的标准为前提。魏晋时代，门第如何则成为选官任吏的唯一标准了。即使科举制实行之后，家的治理如何仍被作为选官任吏的重要参考。甚至，身穿妻子以左手缝纫的衣服都不被允许进入考场，由此可见治家重要之一斑了。

为了治家，传统时代的人在家中可谓无话不谈，而在他人面前则把自己包裹起来。出门一套，回家又是另一套，“见人只说三分话，未可全抛一片心”，“各人自扫门前雪，莫管他人瓦上霜”，便成为中国人所具有的带有利己主义色彩的心态写照。于是，中国人为了自己的家，便千方百计地“自扫门前雪”，尽力做着黄金梦，对赵公元帅礼拜最勤。结果，把天官请来赐福，把财神请来降财，把元宝也请出来发家。甚至，直言不讳地发出了“招财进宝”、“日进斗金”、“黄金万两”的呐喊，大笔一挥，构成了吉祥图案便作为自己的宣言。而且，这种图案在“重义轻利”的国度里竟没有一个人提出异议，至今仍在盛行不衰。究其原因，即在于以传统道德标准而论，发财那是“齐家”的重要内容，是“治国平天下”的出发点和基础，应该！应该！

至于婚嫁和生育，那是圣人早已首肯的事。“男大当婚，女大当嫁”，“不孝有三，无后为大”，更是应该！应该！

至于寿，则是构成中国传统哲学的保命主义内容所提倡的。在以小农为本的社会里，以农立家、以农立国，不仅造成了将发明农业的始祖神化而成为民族的始祖神，而且形成了对家族老人尊敬和祝愿其长寿的传统。在一个小农家庭中，子女的出生到其成家，一切都由父母包办。父母不仅教他们如何做人，而且教他们如何成家立业。因此，父母对于子女来说，不仅是养育他们生长的亲人，而且是他们学到一技之长的恩师。如此身兼数职的特点，确立了父母的家长地位，导致了子女希冀父母长寿的心理产生。同时，也成为中国传统哲学赖以建立重生主义的基础。

在中国，重生主义哲学表现在两个方面：一是以男女结合生育后代的现象比附类推到天地的结合产生世界的万事万物，再由男女结合表现为阳物阴物的合得比附类推到天地结合同样如此，从中抽象出阴阳这一对哲学概念，并以此为基石建立起独特的带有生育学色彩的哲学体系。另一个方面则是为了好好的生存，为了保命，应该清心寡欲，否则能招致灾难乃至杀身之祸。后一种观念，不仅导致了我国古代长生不老思潮的盛行，而且衍生出众多修道成仙的法术和延年益寿的手段。这样，即为有关长寿吉祥物的产生提供了肥沃的土壤和适宜的社会氛围，使长寿吉祥观念的广泛流行和大声疾呼有了充分依据和胆量。

由此看来，哲学在人类文化的结构层次上，确实处于文化的最顶端。人类思想的解放，是哲学观念的解放。人类观念的窒息，也是哲学观念的陈旧。人文及自然科学的高度理论抽象的结晶产生了哲学，反过头来，哲学也在严厉地制约和支配着其他科学的思维模式。吉祥物民俗文化所透露的人欲宣泄的含蓄与疯狂特色，便充分说明了这一点。

除上述吉祥物所具有的推己及物与表现人欲的含蓄与疯狂两种特点之外，中国吉祥物所具有的喜庆祝福性基调、丰富庞杂性格局、神秘迷信性韵味、类比联想性色彩等特点，已在本书其他章节多有提及，恕不赘述。

六　吉祥物功能透视

吉祥物繁繁杂杂，漫过了山，盖住了海，把人生打扮了个够，把社会粉饰了个遍。如此众多的中国吉祥物，到底有何种功能呢？其功能又是通过何种途径发挥的呢？

吉祥物是一种客观实在，有着“物”的外壳，意识的内容，观念的物化与物的观念化的实质。如此一种特殊的民俗文化事象，无疑增加了对其功能分析的难度。雾里看花，花虽在，但模糊不清。醉翁之意，不在酒，但意在何方？挥去浓雾，抹掉酒意，便可看到这种意识民俗文化事象的全部功效：填充人的精神世界、浓烈人的艺术情趣。

（一）“通灵宝玉，莫失莫忘”

稍有文学常识的人都明白：《红楼梦》是一部以一个悲剧

爱情故事为线索，通过一个贵族大家庭的兴衰变化，揭露封建统治阶级的奢靡丑恶，展示封建社会必然走向崩溃历史命运的书，是一部愤怒的书、抗议的书、批判的书。

就其艺术成就而论，这又是一部不见人工雕琢痕迹的反映当时现实生活的书。生活在《红楼梦》中再现，天然无饰，巧夺天工，既血肉饱满，纷繁多姿，又清晰明朗，玲珑剔透。从某种意义上说，《红楼梦》又是一部生活画卷，一部民俗多彩的书。

在《红楼梦》所记载的众多民俗事象中，最精彩的一笔当是那块通灵宝玉。这块被视为“命根子”、“性命”般的宝玉，原是“那女娲氏炼石补天之时”，“单单剩下一块未用，弃在青埂峰下”的，“因见众石俱得补天，独自己无才，不得入选，遂自怨自愧”，经僧道指点，幻化入世，才由贾宝玉出生时含在嘴中带到了人世间。落草时，这块宝玉即带有癞僧所镌刻的篆文：正面乃“通灵宝玉，莫失莫忘，仙寿恒昌”；反面乃“一除邪祟，二疗冤疢，三知祸福”等字。

与贾宝玉所拥有的那块通灵宝玉相对应的，是薛宝钗所戴的金锁，上面也錾有赖头和尚给的两句吉利话儿：正面“不离不弃”；反面“芳龄永继”。

这宝玉和金锁，象征的本是金玉良缘，但“见了女儿便清爽”的贾宝玉怎能与“会做人”的薛宝钗成为天生的一对、地造的一双。因此，宝玉同黛玉自小“耳鬓厮磨”发展起来的生死恋情，又得不到以贾母为首的一群封建家长的认可，最终不得不以黛玉的生命被摧毁，宝玉的“出家”式悲剧而告终。而这一切，又无不伴随着那块通灵宝玉的得失为兆示，而展开。

宝玉同黛玉初次相见，见黛玉没有与自己相同的玉，便“登时发作起痴狂病来，摘下那玉，狠命摔去”，“吓的地下众人一拥争着去拾，贾母急的搂了宝玉，道：‘孽障！你生气，要打人骂人容易，何苦摔那命根子’！”

后来，通灵宝玉不翼而飞，“怡红院的人吓的一个个像木雕泥塑一般”，又是搜身，又是诱供，又是扶乩，甚至上街贴了招帖，弄得满城风雨，宝玉也一日呆似一日，疯癞痴呆，连人也认不得，连饭也吃不下，最后连坐也不能坐了。接着便是贾母主持为宝玉订婚、黛玉焚烧诗稿了断痴情。就在薛宝钗出闺成大礼之际，黛玉死去，宝玉见娶的不是林妹妹，愈加痴呆起来。后来，宝玉见与自己同名且长相完全一致的甄宝玉都不能与自己有心理上的共识，便一直病得昏死了过去。结果，还是那块失而复得的宝玉救了他，以至于了却功名以遂父母心愿之后便“出家”而去了。

“病也是这块玉，好也是这块玉，生也是这块玉”，连死也是这块玉。通灵宝玉，确是一种灵性十足的吉祥物。

在魏晋以前，玉是社会上流行的一种佩物。因为玉是一种纹理细密、色泽晶莹的特殊石料，因此，在新石器时代即得到了人们的重视，被认为有着一定的灵性而多用作装饰品。南京阴阳营新石器时代遗址，出土的玉和玛瑙制品多达 280 多件。商代，玉器是奴隶主所佩戴的主要装饰品，武王灭商时所得商玉器“旧宝玉万四千，佩玉亿有八万”。河南安阳殷墟妇好墓出土的精美玉器即达 755 件。周代，玉器被作为伦理道德和等级名位的标志，自天子至于士庶，佩玉成为一种时尚。宝鸡西周墓出土的玉鹿，大鹿向前奔跑，小鹿回首张望，形象生动逼真，已具有了明显的吉庆气氛。(图 48) 一些重要的玉制器，如钺、璧等，甚至成为国家权力的象征。以玉制成的圭、璧、琮、璋、琥、璜等，古称“六器”，属礼器范围，也是吉祥物。(图 49) 古人认为：“石蕴玉则气如白虹，精神见于山川也”；玉“生于山而木润，产于水而流芳”。因此，玉的自身即有灵气。《山海经·西山经》说，玉“坚栗精密，泽而有光。五色发作，以和柔刚。天地鬼神，是食是享。君子服之，以御不祥。”可见，在古人心目中，玉是能通鬼神、拔不祥的吉祥物。

图 48 宝鸡出土西周玉鹿

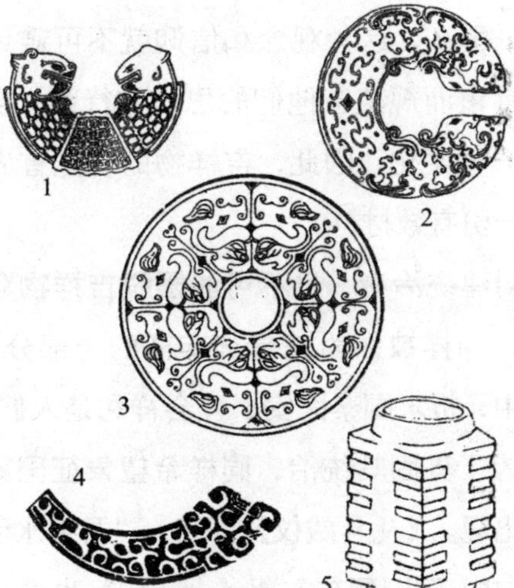

图 49 商代出土玉器

1. 龙形璜 2. 玉玦 3. 商代玉璧 4. 虺形璜 5. 玉琮

《红楼梦》中所描写的通灵宝玉即是这样一块神圣的玉，《红楼梦》所描述的故事情节便是以这种俗信为基础而展开的。

通灵宝玉，果真有如此灵性吗？回答当然是否定的。对此，贾宝玉谈到他那通灵宝玉时即说："什么罕物！人的高低不识，还说灵不灵呢！我也不要这劳什子！"可见，这位女儿国的"混世魔王"是很有点叛逆精神的。

不过，既然俗信已成为被大多数民众所共同认可的一种观念和信仰，那么，这种观念和信仰就不可避免地成为民众的一种精神食粮而规范着他们的思维和行为。吉祥物民俗文化即是这样一种文化。因此，吉祥物的功能首先是填充民众精神世界的一份有效材料。

即使是封建统治者，也不可能摆脱吉祥物观念和信仰的羁绊和束缚，同样被作为其精神支柱的一部分而予以重视。在封建社会中，祈求国泰民安、社会祥和是人们的共同心愿。封建统治者为了巩固其统治，同样希望象征国家昌盛、天下太平的祥瑞出现。《礼斗威仪》即云："君乘水而王，其政和平，北海输白鹿。"旧题东方朔《十州记》也说："东风入律，百旬不休，青云干占，连月不散，当知中国时有好道之君"。

如此记载，所在多有。这表明，统治阶级对于吉祥征兆的关注实在比民间有过之而无不及。而当统治者对于吉祥物进行民俗的运用时，实际上其本人已经变成民众中的一员了。

不过，应当指出的是，统治者运用吉祥物的目的，除粉饰太平之外，还有着欺骗和麻痹劳动人民的一面。西汉宣帝时，假托祥瑞改元达 6 次之多，曾有神爵（雀）、五凤、甘露、黄龙等年号。王莽篡权之际，制造“麟凤龟龙众祥之瑞达七百有余”。(《汉书 · 王莽传》)。刘秀为夺取政权，也制造谶书说：“刘秀发兵捕不道，四夷云集龙斗野，四七之际火为主”，(《后汉书 · 光武帝纪》) 论证了他应当为天子的合理性。东汉灵帝在位期间，所谓的吉祥征兆屡次出现，仅见于正史记载的即达 13 次之多。考其吉祥征兆，几乎全部为人为虚拟。这些都表明，任何统治者都无一例外地将吉祥物所表达的神学政治作为维护统治的一种手段。

统治者的好大喜功，粉饰太平，对于一些吉祥物的形成有一定的关系。例如元宵节所挂红灯。据研究，元宵节所挂红灯与远古时代对火的崇拜有一定的关系，是先民“认为神秘的火能赶走一切妖魔鬼怪”意识的一种遗留。① 到汉代，即形成了通宵点灯祭太一的风俗。汉文帝平叛吕后之乱，下令正月十五日出宫与民同乐，以致长安街上灯火通明。到唐宋期间，历代帝王提倡元宵放灯，以示国泰民安，政通人和。最后，终于形成了元宵节期间户户挂红灯，村村有灯展的习俗。

而且，还应看到，在俗信意识中，吉祥物之所以能在政通人和之际出现，是圣明君主自身努力的结果。这种思想在我国传统社会的早期即已经相当成熟，所反映的实际是好人才能得到神灵所给予好征兆古老俗信的一种反映。孔子是位带有唯物主义色彩的思想家，对于鬼神，他主张：“敬鬼神而远之”。但是，当春秋末年，所谓的麒麟出现在鲁国时，孔子也哭了，认为这种最主要的吉祥物在它不应该出现的时代出现，标志的不是什么盛世吉祥，而是世道的日暮途穷和哲人的穷困凄凉。《国语》记载，周惠王十五年（公元前 662 年），传说有神灵出现在虢国，虢国向神灵求福并隆重祭祀。对此，晋国的内史即认为，大凡神灵出现都是来察看庶民是否安居

---

① 涂元济、涂石：《灯节的起源与发展》，《民间文学论坛》1985 年第 1 期。

乐业，国家是否政治清明的，现在虢国政局混乱，人民困苦不堪，神灵出现不是来赐福的，而是来惩罚虢国的。正如这位内史所言，虢国不久即被晋国灭掉了。大概正是为这种民俗心理所左右，贾雨村在与冷子兴谈论通灵宝玉的出现时，才说了那段世治与否颇有见地的话：

“清明灵秀，天地之正气，仁者之所秉也；残忍乖僻，天地之邪气，恶者之所秉也……太平无为之世，清明灵秀之气所秉者，上至朝廷，下至草野，比比皆是；所余之秀气，漫无所归，遂为甘露，为和风，洽然溉及四海。彼残忍乖僻，不能洋溢于光天化日之下，遂凝结充塞于深沟大壑之中……故其气亦必赋人发泄，一尽始散。”（《红楼梦》第2回）这些，实际皆是民俗心理的一种反映。

反之，如果国家政治清明，人民安居乐业，吉祥征兆即可能被感应出现，这样才是真正的吉祥。《白虎通》在宣扬其神学世界观时，依据古代有关祥瑞的传说指出：政治清明，合乎天的法则，北斗、太阳和月亮就会非常明亮，上天会降甘露，田里会长出嘉禾，凤凰会来翔，鸾鸟会起舞，麒麟会出现，白雉、白鹿和九尾狐会显灵；天空会呈祥云，湖沼会有神马，河海会有黄龙，地下会涌甘泉；河会出图，路会出书；长江有大贝，大海出明珠；天有和风细雨，人间音律调和，远方夷族来朝；如果讲求孝道，厨房里会长出倢蒲树，其叶无风自摇，凉风习习，食物也不会腐败；门前会长出连宾树，其枝整齐有序，其家和睦发达。如此等等，不一而足。这些，同样是一种好心有好报民俗心理的反映。

在民间，吉祥观念和信仰是平头百姓不可或缺的精神支柱。受时代所限制，传统社会的老百姓不可能是无神论者，吉祥观念和信仰既是其精神世界的重要组成部分，又是支撑其继续活下去的一种精神食粮。

民间吉祥物和统治阶级的吉祥物有着明显的不同。统治者所运用的吉祥物或为龙凤，或为祥云、甘露、钟鼎、神龟等，而民间所利用的吉祥物大多则是以日常所见自然物为模特，经过吉祥观念和信仰的装扮升华而来的。这两者的不同，反映在世界观上，统治者所注重的是唯心主义体系中的神学政治；而平头百姓所考虑的，则是唯心主义体系中的物道意识。因此，在目的论上，统治者的吉祥物观念和信仰充分地反映了天人感应神学目的论，而平头百姓的吉祥物观念和信仰则带有着自我价值的实现、维护、抗争和无奈色彩了。

在传说中，有一种现象很值得人们深思。这就是，无依无靠的兄弟俩人，哥哥掌管家业，总是欺负弟弟，而弟弟总是得到某种吉祥物的帮助而成为幸运儿，过上了好日子。例如牛郎织女的传说。牛郎受兄嫂虐待，在与他相依为命的老牛的帮助下与织女成亲，过上了美满日子。后来，这对美满夫妻被王母娘娘拆散了，牛郎披着老牛的皮追到了天上，王母娘娘用发簪划了条天河，隔开了牛郎与织女，只有七月七日喜鹊架桥时，他们才能相会一次。如此传说，所在多有。这里，老牛是吉祥物，喜鹊也是吉祥物。两种吉祥物所表达的民俗心理是同情那些弱者，所反抗的是封建家长制统治的强暴和封建包办婚姻对于爱情的扼杀。虽然其中也有天人感应色彩，但所表达的则是弱者的抗争和希冀活下去的一种心态，从而成为优美的传说而具有无比的生命力。

我们说，小老百姓自古以来即是个希望主义者。尽管俗语“好人不得好报，坏种活得逍遥自在”已不知说了多少年，但是，老百姓头脑中的那尊能给他们带来平平安安的菩萨仍巍然屹立。多少代以来，历经磨难而不倒，其根本原因即在于，这尊菩萨是灾难中的老百姓能继续活下去的旗帜和依赖。民间所盛行的吉祥物，便是这样一尊永不坍塌的菩萨。

生是这块玉，死也是这块玉，好是这块玉，坏还是这块玉。这就是《红楼梦》之所以原来被称为《石头记》的原因，也是将通灵宝玉与梦联系在一起的真谛，还是通灵宝玉的灵性所在。

“通灵宝玉，莫失莫忘”。此语虽系癞头和尚的谶言狂语，但道的却是人间真情：吉祥物是民众精神大厦的一根不可缺少的支柱。

（二）“遍插茱萸少一人”

在开元天宝年间万紫千红的诗坛上，王维是一位多产且早熟的诗人。17 岁时，他即写下了至今仍脍炙人口的《九月九日忆山东兄弟》：

独在异乡为异客，
每逢佳节倍思亲。
遥知兄弟登高处，
遍插茱萸少一人。

这首朴实的小诗，以其高度的概括和曲折深沉的情思而深深地打动了读者，具有强烈的艺术震撼力。诗中所述，不过一个重阳节登高风俗，所提也不过茱萸这种吉祥物，但是，独在异乡为异客的他却不说自己如何思乡念情，而是以身在故乡的兄弟佳节登高时发现少了自己所产生的遗憾心情来表达自己的思亲之情，曲折有致而出乎常规，思乡强烈而显得质朴，可谓妙笔、绝笔之作，令人叹为观止。

诗中所提到的吉祥物茱萸，是一种具有浓烈香味的植物。俗信认为，茱萸能祛邪避灾。《续齐谐记》说，汝南桓景随费长房游学多年，有一天，费长房对桓景说："九月九日，汝家有灾，急令家人各作绛囊盛茱萸系臂，登高，饮菊花酒。"桓景照此行事，举家登山，晚上归家后看见鸡犬牛羊皆暴病而死，而人得以免祸。后来，这种活动相沿成习，遂产生了九月九日登高节活动。

九九重阳登高节，人们相约为伴，佩戴茱萸，故又被称为"茱萸会"。适此佳节之机，"遍插茱萸少一人"，自然会引起人们的无限情思了。

至于茱萸有祛邪避灾的功能，虽古籍多有所载，仍不可信。类似周处所撰《风土记》云"折茱萸房以插头，言辟恶气而御初寒"，仅是一种俗信而已。但是，茱萸确是一种有着实际功用的中药草。茱萸有山茱萸、吴茱萸、食茱萸之分。山茱萸为落叶小乔木，叶对生，花黄色，果实为核果，可入药，对阳痿遗精等症有疗效。食茱萸为落叶乔木，枝上多刺，羽状复叶，花淡绿黄色，果实球形，中医入药，有暖胃等作用，又可提制芳香油。吴茱萸亦落叶乔木，羽状复叶，小叶对生，花绿黄色，结红色小干果，果实可入药，对腹痛、吐泻、消化不良等有疗效。这表明，茱萸之所以被视为吉祥物，其实用价值的存在是一重要的前提条件。

在众多吉祥物中，如果抹去吉祥物所带有的吉祥观念和意识，那么，其物质因素本身即具有一定的实用价值。在这方面，动植物类吉祥物大都具有这种特征。例如，红枣、红豆、红鸡蛋、人参、鹿茸等，在一些场合即被作为吉祥物。这些被作为吉物的东西，若去掉其吉祥观念意识，则是一些具有较高营养价值的保健食品，可以增强人的体质，收到极好的营养效果。我国有俗话常说："三分药，七分养"；"药补不如食补，食补不进药铺。"这样的民俗观念导致了中国人在日常生活中即很注意各种天然营养食品的利用，从而形成了食补民俗，产生了一些至今仍为人们所称道的带有祈福求祥性食品，为丰富我国人民生活，保证身体健康提供了重要的方法和手段。

在一些祛病辟邪吉祥物中，虽然不乏禁忌、迷信之类的落后成分，但其物质因素本身则有着一定的实际效果。例如端午节的插艾枝、菖蒲辟邪，其中即带有着如同茱萸一样的迷信意识，但作为这种活动来说却有着一定的实际效应。农历五月初，正是春寒未尽，寒热交替之际，过去被认为是瘴气，现在看来可能是病毒细菌一类的流行病的多发季节，加之蚊蝇毒虫等纷纷开始活跃，因而民间插艾叶、菖蒲自然有一定的作用。现在的蚊香，即是受艾叶、菖蒲等天然植物的熏蒸除虫特点启迪而制成的。另外，小孩出生后的吃黄连汤，中医认为也有一定的道理。

对于此类吉祥物，过去常以迷信观念而给予全盘否定，或予以批判，或予以清除，现在看来，应对此类吉祥物予以重新认识，剔除其迷信成分，发挥其科学价值，使之以新的姿态出现在吉祥物的行列中。

在吉祥物的行列中，有些无论其意识因素，还是其物质因素，都能给人们带来有益的作用。如竹、松、梅、菊等具有欣赏价值的吉祥物。这类吉祥物的产生，大都是其特有自然属性的延长和引申而形成的。为此，人们咏竹咏松，赞梅赞菊，以竹节挺拔象征人的气节高尚，以松的长青比喻健康长寿，以梅的傲雪寓意人的品质高雅，以菊的斗霜表达人的坚贞，从而使这类吉祥物成为砥砺高尚品质和道德情操的物品。例如竹，白居易《养竹记》概括竹所具有的君子德行有四：

“竹似贤，何哉？竹本固，固以树德。君子见其本，则思善建不拔者。竹性直，直以立身。君子见其性，则思中立不倚者。竹心空，空以体道。君子见其心，则思应用虚受者。竹节贞，贞以立志。君子见其节，则思砥砺名行，夷险一致。夫如是，故号君子。”

竹所具有的这些君子风度的象征，使人们乐于与其为伍。于是，“人多树以庭院间”，以至于“宁可食无肉，不可居无竹。”如此见贤思齐，以欣赏类植物为模特而升华来的吉祥物，不仅成为人们陶冶情操的重要内容，而且影响到我国庭院花草的栽培和盆景艺术的发展，从而使这类吉祥物与反映礼仪生活、寓意升官发财等类吉祥物区别开来，带有着更为高尚的价值和高雅的风采。

当然，反映礼仪生活等观念的吉祥物也并非一无是处而没有一点可利用的价值。例如有关一系列人生礼仪吉祥物，所表明的便是：生命尚未来到世间，人生社会为呼唤他的到来即作了种种习俗安排；新的生命来到了世间之初，虽然还不能领悟到人们的吉祥祝福，但在其诞生之际便得到人生社会更多的习俗呵护；成婚之际，吉祥物更是洋洋大观，所在多有，但所体现的则只有一点，即祈求吉祥如意、夫妇和谐、早生贵子、发家致富；进入老境，人们逐步注重祝寿，各种寿礼吉祥物也五花八门，各有千秋，但寓意无外乎几个字，即敬重长者，延年益寿。这一些人生礼仪吉祥物，固然其中也不乏带有铜臭气的“连中三元”、“平升三级”等吉祥图案，不乏“宜男多子”、“榴开百子”等与现代观念和国策不相符合的吉祥物，但其中所散发的爱惜生命、尊老爱幼、奋发上进、家庭和谐等吉祥观念和意识则是可取的。这类吉祥物所形成的团结和睦、平安昌盛、积极进取、爱惜生命的喜庆氛围，是有益于人的道德品质的培养和形成的，应当予以肯定。

更何况，大量的吉祥物被用于建筑、纺织以及其他工业产品的装饰设计和游艺活动中，更加美化了社会和人生环境，使我们这个世界充满了更多的祥和吉庆气氛。龙是我国原始时代即已出现的吉祥物和神物。现在，当龙的神性不断退化之后，龙完全变成了一种吉祥物而大放异彩。每逢佳节和重大庆祝活动之机，舞龙几乎成为一种不可缺少的项目。当各种龙灯被舞得翻飞升腾之际，中国人首先想到的是这个民族的崛起，之后才是其他方面的吉祥如意。龙这一古老吉祥物所具的吉祥观念，正如商洛山区舞龙灯引导执珠人所领唱的“唱采”词所说：

普天同庆喜盈盈，新正上元玩龙灯。
锣鼓喧天爆竹响，迎来龙灯庆新春。
玩龙灯除瘟灭邪，神珠灯引来太平。
打云灯风调雨顺，打牌灯国富民殷。
红宫灯吉祥如意，宝莲灯万事亨通。
武场面多打得胜，文场面歌舞升平。
打板灯家家报喜，玩灯后四季太平。①

运用到装饰设计中的吉祥图案，更加丰富了设计的多样性和祥和性，突出了民族性。英国文学家毛姆曾经在《月亮和六个便士》里说过：“伟大的艺术从来就是最富于装饰价值的。”中华民族是一个爱好和平、追求祥和的民族。为此，中国人年年都要互致吉祥如意，时时不忘互祝百事如意，处处想着打扮喜庆祥和，从其生活空间，到其四季着衣、一日三餐、所用器皿、所使工具，没有一点不流淌着吉祥的祝福，喜庆的气氛，一切都充分体现着艺术的美。例如，现代工艺

① 《偏爱元宵龙灯戏》，《区县经济报》1988年3月5日。

品的制作，即使我国传统吉祥图案得到了充分的发挥，形成了各地区、各民族的不同风格和不同精品。我国工艺品种类繁多，题材十分广泛，常见的传统吉祥图案主要有“麻姑献寿”、“七仙女下凡”、“洛神”、“吹箫引凤”等仕女形象，有“布袋和尚”、“三星（福禄寿)”、“和合二仙”、“暗八仙”等神人形象，有“团花”、“折枝花”、“回字纹”、“忍冬纹”等纹饰，有青龙、白虎、辟邪、象、狮、饕餮、螭、龟等仿古器物，有“五福”、“龙凤呈祥”等吉祥图案。这些吉祥题材，不仅充分体现了中国传统文化的底蕴，也充分反映了中国人的审美意识。对此，安旭先生说：“特别是欣赏民间工艺美术品时，万不可戴着‘低’、‘俗’的有色眼镜去茫然评论。”①

传统吉祥物，是我国传统文化宝库中的一朵艳丽奇葩。在时代的不断发展中，我们应该尽力发掘这一艺术宝库，装扮我们的今天。否则，待到山花烂漫之际，我们也会有一种“遍插茱萸少一人”的遗憾的。

① 安旭：《旅游文物艺术》，南开大学出版社 1990 年版，第 348 页。

七　吉祥物的全面震荡

民俗有着与生俱来的本性：民俗事象一旦形成，就具有了自控自动的传承能力；只要适宜于这种民俗事象的主客观条件存在，传承的步伐就不会中止；否则，河床即可能干涸，土地即可能沙化；但在新的条件下，新的民俗事象还会形成，从而使又一片绿洲出现，人间又是一片红黄绿。

吉祥物民俗文化即具有这样明显的传承特征。有的吉祥物不受时空限制，或是自远古时代流来，至今仍有着旺盛的生命力；或是自天外飞来，落在中国这块土地上即生根发芽；或是自身七十二变，乔装打扮一番以更加新颖的姿态出现……

对此，我们已给予了充分的注意。但是，我们更关心的，则是社会变革时期所引起的吉祥物的全面震荡。因为，我们的时代正面临着或业已经过这样的时刻。

（一）干涸的河床

我们之所以对社会变革时期所引起的吉祥物的全面震荡给予极大的关心，是因为这一时期吉祥物的传承与变异最有特色，最能代表吉祥物变异与传承的一般特点，能够深刻地揭示吉祥物传承与变异的一般性规律。

社会形态的变革对于中国来说，不过有那么五次：一次是由母系氏族社会向父系氏族社会过渡时期；一次是原始社会解体向奴隶制社会过渡时期；一次是奴隶制社会向封建社会过渡时期；一次是封建社会向半殖民地半封建社会过渡时期；最近的一次则是半殖民地半封建社会向社会主义社会过渡时期。虽然仅有五次，但对中国吉祥物的震荡却是足够大的，每次都导致了一大批旧有吉祥物的死亡和消失，每次也都有一大批新的吉祥物的出现和流行，而且，每次社会变革也都有将旧有吉祥物注入新的观念意识并予以保留的现象。吉祥物的这种生生死死、化旧立新式的变异和传承现象，似乎又一次告诉人们，观念意识因素的变迁，是吉祥物变迁的决定性因素。

每次社会的变革，首先表现的则是观念意识的根本性变革。这种变革的出现，是时代的要求，也是时代发展的标志。因此，作为受意识因素所决定所制约的吉祥物，必然要随意识形态领域的变革而变革，从而被打上了时代的烙印而显示了自己独特的传承和变异规律。

《山海经》是一部研究我国远古时代历史、地理、中外交通、神话和民俗的重要著作。其中，一个有趣的现象便是，此书所谈到的吉祥物都很奇特，后人多半不知道所指的是什么了。相反，后起的一些吉祥物则是很明确的。这种现象所说明的不是其他，而是随着时代的变革和意识观念的改变，远古时代曾经流行的大部分吉祥物已丧失了其所含有的吉祥意义，从而导致了其本身的死亡和被人们的遗忘。

历史确实如此。在母系制时代，吉祥物的花环将女性打扮了个够，所有的理论都围绕着女性而构筑而延伸。《老子》第6章说：“谷神不死，是谓玄牝。玄牝之门，是谓天地根。”对于这句话，几千年来人们解释纷纭。如果从原始生育观出发，此话可解释为：被称为“玄牝”的山谷是大地巨大的生殖器，玄牝是不死的，因而成为天地间万物产生的根本。而在神话传说中，女娲便是大地之神，是母亲之神。在这种情况下，一切吉祥物都被披上了女性伟大的观念和意识，其中最主要的便是女性形象的吉祥物。在辽宁省喀左县东山咀所发现的椭圆形祭坛，中间还特意留有缺口，带有明显模仿女阴形状的特征，便是这类吉祥物的一种代表。

但是，进入父系制社会则不然了。父权制的全面胜利，则是女性的“具有世界历史意义的失败。”① 父权制得以崛起的根本原因之一，就在于人类对于性与生育关系的发现。发现男女两性的差别及人类的繁衍必须由男女两性结合才能实现，是人类进化史上的极大进步。从此，人类从混沌蒙昧的状态中苏醒了，那种物我不分、男女不分的混沌世界才永远不复存在了。正是这种人类意识的觉醒，促使男性走上了主宰社会舞台的同时，也产生了一系列相应的风俗。于是，吉祥物开始将男子装扮了起来，也开始了又一次装扮男女结合、生儿育女这个人类的重大课题。这样，人类的再造否定了母系制时代神造人类的观念意识，代之而起的则是男女婚配、繁衍后代的正确思维。至汉代，伏羲与女娲相交像仍被奉为神而进入祠堂的祭祀中（图 50），实际便是人们对这种观念意识的历史性重大变革的朦胧记忆。至今，我国仍然盛行着各

① 恩格斯：《家庭、私有制和国家的起源》，《马克思恩格斯选集》第 4 卷，人民出版社 1972 年版，第 52 页。

种男女结合生育子女的祈子吉祥物，同样是这种人类童年时代所经历的重大历史变故的一种遗留和残存。

图 50　汉画像石伏羲女娲图

与社会这一重大变革相应的是，石祖、陶祖崇拜替代了女阴崇拜。在考古中，我国的陕西铜川李家沟、华县泉护村、西安客省庄、河南信阳三里店、山东潍坊罗家口、甘肃临夏张家咀、湖北屈家岭、湖南安乡度家岗、广西坛楼、新疆罗布淖尔等地新石器遗址中皆发现有陶祖或木祖、石祖。在现实生活中，云南永宁卡瓦村阿布流构山上有个洞，洞中有形如山峰的钟乳石，当地摩梭人说这是女神“吉泽玛”的化身，若妇女不能生育，就来转山洞。在洞口平台上，有一个被称为“久木鲁”（意为男根）的钟乳石柱。俗信认为，妇女若不生育，应在沐浴之后喝点“久木鲁”顶端凹坑内的积水，之后于当晚与丈夫同床才能获得生殖能力。① 如此男女生殖吉祥物混在一起的事例，更能说明人类再造之际思维意识的变化，指示出未来吉祥物变化的方向应以装扮男子为中心了。

送走了漫长的原始社会，人类迎来了新的文明之光。但这新的文明却是以国家和阶级的压迫为代价的。因此，吉祥物这种受意识因素所决定的民俗文化，也不可不打上国家和阶级的烙印而以新的面貌出现。大禹“开九州，通九道，陂

① 严汝娴、宋兆麟：《水宁纳西族的母系制》，云南人民出版社 1983 年版，第 204—207 页。

九泽，度九山”，在治水之中，攻共工，杀相柳，逐三苗，匙防风，囚鸿蒙、章商、兜卢、犁娄等氏，建立起自己至高无上的权力。之后，他又铸九鼎，定贡赋，兴《九韶》之乐；“鸟兽翔舞，《箫韶》九成，凤凰来仪，百兽率舞，百官信偕。”（《史记·夏本纪》）这表明，自禹开始，吉祥物即已经成为奴隶主贵族的婢女了。

商周时代，青铜器纹饰带有着浓厚的恐怖、威严气氛，即使美丽的凤鸟也是鸷喙鸷爪等猛禽形象，所透露的便是奴隶主贵族的威严和不可一世。

战国时代，吉祥物所具有的这种基调为之一变，开始具有了华丽、柔美的姿态。这种基调的变化，在龙凤身上体现得最为明显。至战国秦汉，“龙凤从神奇迷离的气氛中走向现实世界，渐由几何形转向写实，活泼秀丽，轻巧浪漫，回环舒展。”① 秦汉时代，见于刺绣、铜镜、画像石、画像砖、漆画上的龙凤形象多具有这种特征。河北中山靖王刘胜墓及湖南长沙马王堆轪侯墓出土的器物与帛画上的龙凤形象即具有这种特点。汉代漆器上的龙凤图案，所表现的是更为浓烈的

① 王大有：《龙凤文化源流》，北京工艺美术出版社1988年版，第151页。

喜庆气氛。(图51) 至南北朝，龙凤文化经佛教、道教的充实和改造之后，其形象变得修长洒脱，飞翔扶摇，瘦骨清相，气韵生动。唐宋期间，受封建社会经济繁荣、文化兴盛所影响，龙凤造型趋向盈荣华贵、富丽堂皇、工整严谨的方向发展，民间体裁多象征着“龙凤呈祥”，以龙寓意男性的坚强刚毅，以凤比喻女性的美貌温柔；凤衔枝象征筑巢育雏；双凤对飞，数凤追逐，或凤穿牡丹，皆谓“凤求凰”，象征着爱情和喜庆。明清时代，龙凤集前代之大成，美不胜收，但其中所包含的繁缛细腻，刻意追求，生气全无的气氛，则意味着封建地主阶级已由叱咤风云的时代旗帜变为抱残守缺的社会懦夫了。

图51 汉代漆器云龙纹

“俱往矣，数风流人物，还看今朝”。近代，是中国人寻求解放和自由的时代，为此，各个阶级、各种派别都在历史的舞台上大显身手，各种思想意识也都做了充分的表演而成为时代的过客。可能由于时代的匆忙和挽救民族危亡大任的沉重与迫切，在半封建半殖民地的岁月中，中国人还没有来得及对吉祥物这一民俗文化事象进行深入的思考和改造，时代便匆匆而过了。但是，民族危亡的时代灾难同样在吉祥物身上打下了烙印，尽管旧有的吉祥物仍在运转，但其盛旺的势头却远不如明清，开始由盛而衰了。

传统吉祥物在我国的最大萧条是新中国成立以后直至“文化大革命”期间。新中国成立以后，伴随着唯物主义教育的逐渐普及和深入，在新社会长大的一代，越来越对传统吉祥物失去了兴趣。“文革”期间，吉祥物则被视为“四旧”而列入了统统被打倒之列，扫地无余而在劫难逃了。这是对中国传统文化的大浩劫，也是人类文化史上的一场大灾难。

在此，杨家埠木板年画即可作为一种代表。山东杨家埠木板年画为我国三大木板民间年画之一，与天津杨柳青、苏州桃花坞木板年画齐名。吉祥图案是杨家埠木板年画的重要题材之一，其中主要品种有祈福迎祥、除邪保安神像画和喜庆欢乐、吉祥如意等吉庆画。之所以如此，杨家埠年画的创作者认为，过去，“官僚地主花天酒地，劳动人民饥寒交迫。农民劳累了一年，多数人家所剩无几，年复一年都把希望寄托在来年的美好想象之中。……根据人们时来运转的思想，通过寓意、象征、谐音等手法，创作祥瑞吉庆的年画，……形象好看，言词好听，顺乎人们过年的心情。”① 但是，这种兴起于明初、成熟于明中期、繁荣于乾隆年间、光绪年间仍相当兴旺的木板年画，1964 年被列为封建迷信产物，“文革”期间被诬为“四旧”，遭到毁灭性打击，许多优秀画版被焚毁，年画生产处于了完全停顿时期。

这是吉祥物在“文革”期间的总写照。

那是一个疯狂的时代，一个人们的观念和意识完全变形扭曲的时代。在这个时代中，人妖颠倒、美丑错位，在人们的意识王国中，根本即没有“吉祥”二字的存在位置，还有什么吉祥物可言。

吉祥物，这条满载人类美好观念和信仰的吉祥之河，在那疯狂的时代里，没有化旧立新，没有孕育新生，成为无源之水，河水没有了，河床也没有了，完全消失在茫茫大漠之

① 《杨家埠村志》，齐鲁书社 1993 年版，第 200—201 页。

中，干涸了。

（二）又是一片红黄绿

人类的吉祥追求、美好信仰，是任何人、任何时代都不可能窒息、扼杀和埋葬的。这是历史的结论，是人类的天性所在。

不是嘛，男人取代女人的岁月，同样是一个疯狂的时代，各种吉祥物随之发生了男女的观念易位，但始终没有窒息吉祥物这条流淌着人类吉祥如意观念的河。

封建地主阶级取代奴隶主阶级的时代，同样是一个风云变幻的时代，各种吉祥物随之发生了主子与奴仆的错位，也终究没有扼杀吉祥物这条满载人类美好祝福意识的河。

难道，几年的“文化大革命”就能将吉祥物这条已流淌了无数年的人类吉祥河埋葬得了吗？不能的，绝对不可能的。

究其原因，在于人类是美的追求者，为了自身的生存和繁衍，不可能停止那无时无刻追求美的脚步。其中，吉祥物则是表达人类对于美的追求的一种必不可少的形式。固然，吉祥物属于一种民俗文化，有着“俗”的味道，但只要有人类的存在，就会有民俗文化的滋生、蔓延和传承。因为，民俗文化是一种社会的软控制，发挥着法律法规等社会控制硬件所不能起到的作用，是任何国家和社会都必须注重的一种民众自我控制规范。

何况，吉祥物又是一种经济意识的反映。经济的发展可以给意识打上不同的色彩，同样也能给吉祥物的生存和发展提供丰富的营养。人类为了能更好地生存下去，不可能不对经济的提高和发展给予极大的关注。与此同时，吉祥物也必将出现新的阵营、新的寓意。马列主义观点认为，经济基础决定上层建筑，客观实在决定观念意识。吉祥物作为一种意识民俗和人类吉祥如意观念的代表符号，同样是受经济的现状所决定、所制约的。

传统吉祥物所表现的一个重要话题与农业有关。固然，这类吉祥物的大量存在，是受数千年来我国长期存在的自给自足的自然经济所制约、所决定的。但从其所带有的神秘色彩分析，这种吉祥观念的起源当在人类发明农业之际。

农业的发明是人类经济史上的一场革命，从此，人类结束了依赖从自然界攫取天然生成物而生存的岁月，进入了通过自己的劳动来增殖天然生成物而生活的时代。适应着这种经济上的革命，原始文化发生了从量变到质变的飞跃，从而产生了一系列神话：神农氏、嘉禾、谷神、人头祭、弃子、洪水和兄妹婚等。①如果将这一系列神话予以诠释，用现代语言回答便是：上天送来了嘉种，才有了神农氏；人类祭祀各种谷神，意在取得农业的丰收；祭祀的方式多种多样，其中包括人头祭和弃子等形式；长期的农业定居生活，使人类明确了男女结合生育后代的奥妙，发现了兄妹婚事实导致了观念意识的完全错位；观念意识的被颠倒，一度被认为是洪水滔天的世界末日，从而导致了神农氏也被披上了感孕而生的色彩。

这一切观念和意识，便是我国后世那些寓意多子多福、富贵平安、年年有余、福猪拱门等吉祥物产生的根本源头。

现代，我们中华民族正面临着由农业大国向工业强国过渡的时期。工业经济越来越占有着极为重要的比重，科技越来越明显地显示出第一生产力的地位和作用。

这同样是人类经济史上的一次革命，一次较之农业诞生更为深刻更为广泛更为彻底的革命。

这场革命使人们的思想向着唯物主义世界观大步地迈进

---

① 陈建宪：《神祇与英雄》，三联书店 1994 年版，第 165—187 页。

着。人类在更加深刻地发现了真实的自我的同时，也进一步弄清了人与世界万事万物的真实关系。这种思想意识的飞跃，必然使吉祥物身上所披挂的神秘主义外纱得到一次彻底的冲击和清除。这场冲击和清除的最终结果，使寓意陈腐观念的吉祥物被摒弃、被遗忘；使寓意同现代观念相符合的吉祥物被改造、被利用，重新放射出耀眼的光芒；使象征当代人思想观念的吉祥物被孕育、被创造，闪烁着时代的风采崛起在吉祥物的王国中。这是一场观念意识的更新，同时，也是吉祥物的一场再造。

因此，死去的未必不是好事；挣扎着活下来的同样值得祝福；而那些有着更旺盛生命力的新生儿，当更值得歌颂。

在如何对待时代所为我们留下的一大堆鱼龙混杂、泥沙俱下的吉祥物时，理智的态度是：是糟粕应坚决摒弃；是精华应彻底继承；精华与糟粕相掺杂者，应将其寓意的糟粕部分去除，发扬其精华之处。对新生吉祥物，同样需要这种理智。

其实，在对待传统吉祥物上，中国人已有过较为理智的选择，并有着不同的借鉴和继承手法。这些手法主要有：

(1) 化旧立新。因时代和社会的巨大变化，一些吉祥物所寓意的陈旧观念既被时代所抛弃，也为人们所不齿。这类吉祥物已走到了其穷途末路，从而被人们所抛弃，如过去流行的吉祥图案“五子登科”、“平升三级”等，不仅是因时代变迁而丧失生存土壤的吉祥物，而且是因观念的迂腐而为人们所摈弃。但有的吉祥物的寓意还具有一定的进步内容，可以在此基础上加之改造，形成新的吉祥物。例如，我国广泛存在着闹洞房习俗，这是群婚制的一种残余。在有些地区，伴随着闹洞房还有“戏公婆”习俗。“戏公婆”时，必用新娘递上的一包用红纸包的锅底灰来给公婆涂黑脸，认为这样才能家庭和睦平安。显然，这是更古老的群婚制风俗。现在，这种陋习也变了调。上海浦东农村，戏公婆的现象没有了，但新婚之夜有新娘给公婆送新被的习俗，寓意家庭和睦，新娘孝敬公婆。① 这新被实际即是由锅底灰演化而来的新的吉祥物。

(2) 形存实亡。形存实亡即是指吉祥物的形式还存在，但寓意内容已发生了根本性的变化。如传统的吉祥图案“五子登科”，寓意为子辈皆能在科举仕途道路上有所成就，显然已

---

① 陈勤建：《中国民俗》，上海民间文艺出版社 1989 年版，第 68 页。

属于陈腐观念之列。但其中“五子”齐头奋进的观念意识却被一些画家所运用，从而创作了“五路进财”式年画。这种年画寓意农林牧副渔五业并兴，是致富发家的好门路，因而受到农民的欢迎而成为创意颇新的一种吉祥图案。很显然，“五路进财”图是受“五子登科”图的启示而来，但所保留的仅是其形式这种躯壳，而其内容则有了质的变化。

(3) 合流变形。合流变形是将两种或两种以上的吉祥物经过其意念的交融，从而产生一种合流性的带有新的寓意的吉祥物。例如，在天津天后宫正殿子孙娘娘、千子娘娘、引母娘娘与凤尾殿送子娘娘的供桌旁，以及泰山碧霞祠和娘娘庙的供桌旁，笔者即亲自看到，祈子者所拴娃娃除有男娃、女娃单个形象外，还有一对对相吻的连在一起的男娃和女娃。而且，这些成对相吻的男女娃，塑像生动天真，确不亚于一件绝美的艺术品，因而往往成为祈子者的抢手货。在佛道之地，性欲当是大禁，如此直率地表现男欢女爱也曾引起笔者的好奇。为此，笔者曾问那些祈子者，一位为儿媳求子的老太婆这样说：“这是龙凤胎，现时下国家要求只生一个孩，有个双胞胎就赚了一个，能有个龙凤胎，儿女双全，那真是俺们的福分和造化。”而一对年轻夫妇则说：“真正有一对龙凤胎，那累也把我们累死了。我们求的不是这个，而是看着这对小孩太好玩了。你看，这对小孩吻得多美、多天真，但愿我们这一对也这样投入。”这表明，吉祥物的出现，本来即是人的吉祥观念装饰打扮的结果，那么，在原有吉祥物的身上，人们完全可以把多种相近的吉祥观念汇合在一起，从而装饰打扮出新的吉祥物。

（4）累积沉淀。累积沉淀是在吉祥物原有吉祥观念的基础上予以扩充，使之成为内容和寓意更为新颖的吉祥物。例如婚礼中所用吉祥物枣、栗和花生，传统观念取其谐音之意为“早立子，姑娘小子花搭着生”。现在有的地区将枣、栗子、花生和糖块一起作为撒帐吉祥物，取意为“愿一对新人早发家立业，愿婚姻如糖甜，爱情如栗子一样面，如花生一样香。”因此，在这样的地区，一对新人婚后分喜糖也以枣、栗、花生和糖作为吉祥物，寓意是：谢谢您的祝福，我们的婚姻保证能甜甜蜜蜜，宏图大展。这表明，吉祥观念和信仰具有明显的“与时俱进”的时代特色，伴随着时代的发展，吉祥物所负载的原有吉祥观念同样可以扩大和升华。

如此传统吉祥物被理性继承的方式，表明在时代的变革之际，人们对于传统吉祥物的继承和发掘，绝不是将已丧失吉祥价值的吉祥物重新拖回现实的人生舞台，而是要对那些还有价值的吉祥物进行充分的批判继承，经过利用全新观念和信仰的精心打扮，从而使其重放异彩，装扮我们的社会、我们的人生。

何况，伴随着社会的变革和时代的发展，一些过去从未有过的新的吉祥物正在孕育、产生和流行。例如那个令人可笑又令人向往的数学符号“8”。因“8”这个数在广州与“发”同音，故被视为吉祥而得到广泛运用。于是“888”、“108”、“408”、“918”、“1098”等数字也身价倍增，不仅被广泛地运用于汽车牌照、门牌号、电话号、开业时间等多种与数字有关事务中，而且被用于商标设计、产品命名、装潢设计等有关活动中。再如中国的菜肴，色、香、形、味俱佳，每道菜都不啻一件绝美的工艺品，堪称世界之绝。放下这些且不论，只那菜的名字即让人食欲顿生，但又不忍心下筷而破坏那美的意境。如“孔雀开屏”、“百鸟朝凤”、“龙凤呈祥”、“金鱼闹莲”、“鸳鸯牡丹”、“二龙戏珠”、“掌上明珠”、“玉兔灵芝”、“平常豆腐”等等菜名，吉祥美意，一览无余。如此动听的菜名与中国菜所具有的色、香、形、味之美巧妙的配合在一起，使中国菜具有了超乎寻常的魅力而享誉全球。这同样是一种吉祥民俗文化的运用。

当然，在新的吉祥物诞生和发育、流传之中，同样也会带有着一些迷信色彩。这些新的迷信也同样需要时代的洗涤和熔炼。一旦那些新生吉祥物被时代所抛弃，我们同样也将给予欢迎。欢迎失去历史、社会和科学价值的吉祥物走进坟墓，歌颂更加具有生命力的新的吉祥物的诞生和流行。这当是民俗学者的一项重要任务。

死去的让其死去，新生的促其新生。历史的发展本来如此，世界的进化也本来如此。近年来，我国兴起的美石搜集热、盆景栽培热、根雕热、石雕热、民间工艺热等等，无不与吉祥物文化有着重要的联系。这说明，民俗学者的职责在于：剖析死去吉祥物的丑恶、庸俗、神秘和落后，赞颂新生吉祥物的祥和、进步、质朴和喜庆，促使其尽快流行和发育，以更美的姿态装扮我们的社会和人生。

河，有春雨，不会干涸。

吉祥物，有人类的美好追求，将又是一片红黄绿。

后　记

这本小书终于同读者见面了。书虽“小”，但其中功夫却不小。

在中国民俗这个偌大的花园之中，吉祥物仅是一朵小花而已。虽然小，却无处不在。几乎各种民俗事象都有吉祥物的渗透，无论是人的生老病死，还是衣食住行，到处都可以看到吉祥物的影子。只是，这个随时随地都可以看到的吉祥物的影子，却让人难以捉摸，只能看得见而难以摸得着，因为，有关记载不仅异常稀少，而且太零乱了。因而，虽是小书一本，却足以让人感到搜集其资料的难处了。

而吉祥物研究的更难之处，在于其是一种“物”，又是一种符号，一种意念。这种既有物的外壳，又充实着观念内核的民俗事象，往往使人见物而不见意念，不能很圆满地解释物质与精神的统一与对立。因此，要对吉祥物的本质及其特点进行深入的揭示，则有着很大的难度。

更何况，因为吉祥物这一小小民俗事象的“小”而往往被学者所忽视。因而，有关于吉祥物的起源、传承、变异及其功能等问题的研究，过去几乎没有人认真地探讨过，从而更加带来了有关这一民俗事象研究的难度。

或许正是因为如此，我们才不得不广泛地搜集资料，深入地进行分析，一遍又一遍地改写稿件。反复推敲，苦思冥想的结果，方才成就了这本试图系统揭示吉祥物这一民俗事象的小书。

虽然，在这本小书的写作过程中下了点功夫，但我们那忐忑的心总不能坦然。因为，有关吉祥物研究的一些观点系我们首次提出的，书中肯定存有某些概念界定不周乃至荒谬之处。在此，敬请各位民俗学家及读者提出批评，以便于促进对吉祥物这一民俗事象研究的深入。

在此书的写作过程中，作者得到了山东教育出版社刘连庚先生的一再帮助。山东大学图书馆苏维智馆长及昌潍师专图书馆的诸位老师，也在资料收集和核对方面给予了大力支持。在此，一并表示感谢。谨祝他们万事大吉，如意吉祥。